AF473699

Douglas Kirkland

a cura di / edited by
Paci contemporary gallery

SilvanaEditoriale

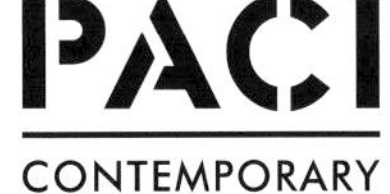

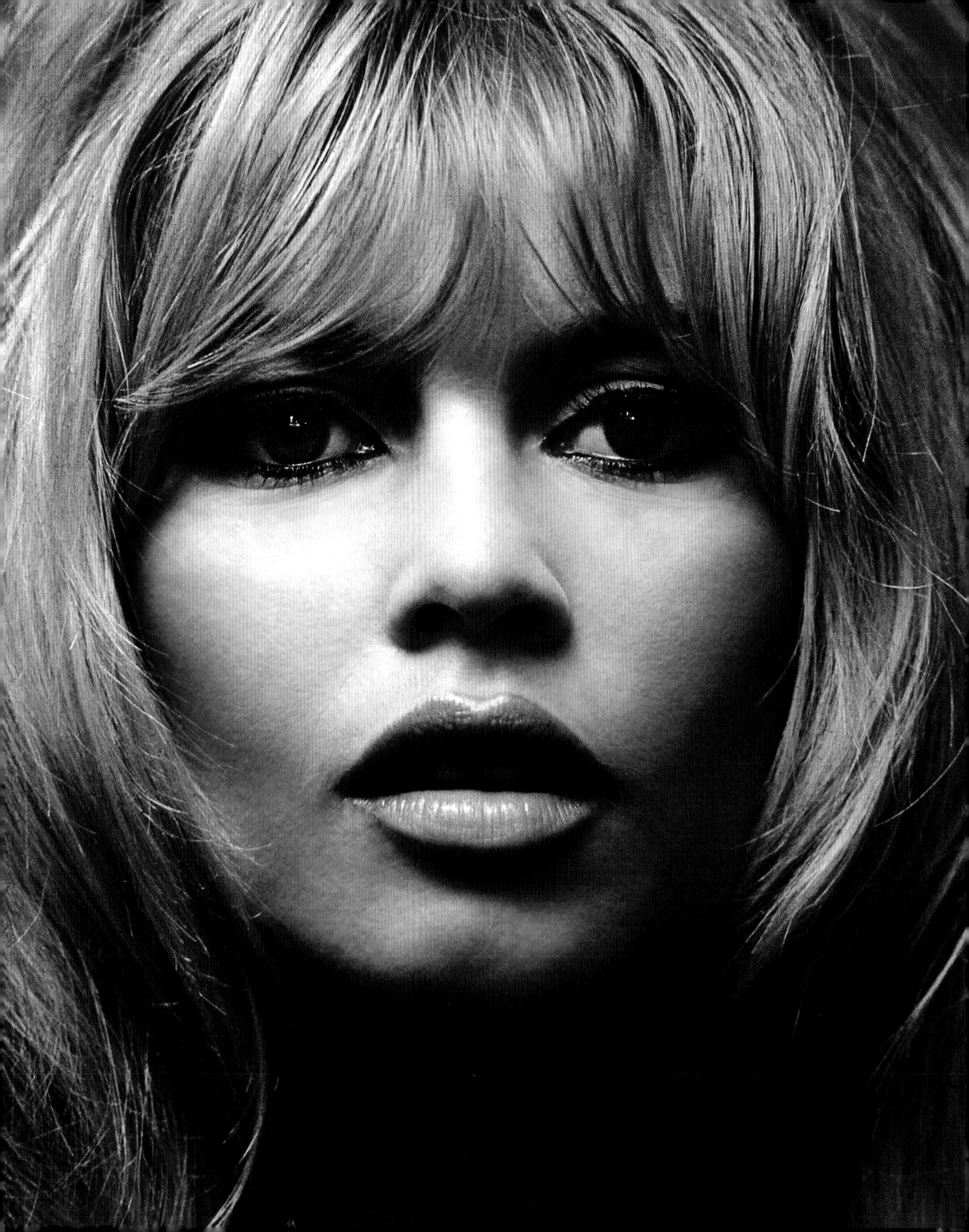

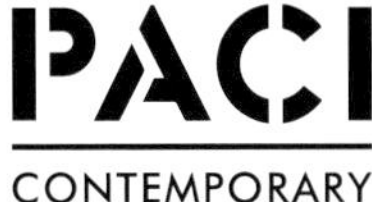

Brescia
via Borgo Pietro Wuhrer, 53
t. +39 0302906352
m. + 39 3487617028
info@pacicontemporary.com

Porto Cervo
Promenade du Port
via Aga Khan, 1
m. + 39 3487617028
portocervo@pacicontemporary.com

www.pacicontemporary.com

Questo catalogo è stato realizzato con la collaborazione di Douglas e Françoise Kirkland e dello Studio Kirkland (Los Angeles, CA)

This catalogue was realized in collaboration with Douglas and Françoise Kirkland and Studio Kirkland (Los Angeles, CA)

Douglas Kirkland

WALTER GUADAGNINI

Quando Douglas Kirkland inizia la sua carriera di fotografo, nella seconda metà degli anni cinquanta, il fotogiornalismo è nella sua fase di massima espansione in termini di numeri e di riconoscimenti, probabilmente l'ultima grande stagione di questo genere fotografico vero e proprio, destinato di lì a poco a scontrarsi con la televisione, la nuova concorrente capace di entrare nelle case in maniera più rapida, pervasiva e apparentemente persino più oggettiva. Ma gli anni sessanta sono ancora, tutto sommato, gli anni delle riviste illustrate: riviste di ogni genere, dalle ormai classiche "Life" e "Look" a quelle di moda, ancor più antiche ma capaci di rinnovarsi in continuazione, come "Vogue" e "Harper's Bazaar", fino a quelle più popolari che raccontano in modo nuovo, aggressivo e sfrontato, le gesta più o meno nobili dei divi del tempo, primi fra tutti i protagonisti del mondo della celluloide, da Hollywood a Cinecittà. Il mondo, e un mondo: il mondo è quello che raccontano i grandi fotoreporter del tempo, i Cartier-Bresson, la genia Magnum, gli umanisti francesi e i neorealisti italiani – per non citare che i gruppi più riconosciuti e riconoscibili –; un mondo è quello che raccontano e inventano i grandi fotografi di moda e di celebrities da un lato, e i paparazzi dall'altro. Un mondo parallelo a quello reale, quotidiano, esperito dalla maggior parte degli abitanti del pianeta, anche di quelli che vivono nel più ricco e sviluppato Occidente, ormai in piena estasi da società dei consumi; un mondo costruito sulle aspirazioni, sui sogni, un mondo di favola, pronto però a trasformarsi nel suo contrario, un mondo di eccessi e cadute rovinose, testimoniate dalla perfida luce di un flash notturno (strumento non a caso aborrito dal raffinato HCB). Kirkland non ha alcun dubbio su quale strada prendere, in quale campo operare, e con quali strumenti linguistici agire. C'è una fotografia, in questo volume, che si può considerare emblematica di un atteggiamento generale, di una scelta di vita, e non appartiene a quelle più note dell'autore: è il ritratto di Peter Sellers in versione paparazzo, che si aggira per le vie di Roma a bordo di una FIAT 500 rossa dal tettuccio apribile, dalla quale emerge armato di macchina con teleobiettivo iperdimensionato, puntato su una bellezza bionda a bordo di una Vespa; alle loro spalle, il Colosseo, imponente e inconfondibile. Ci sono qui davvero tutti i tratti della fotografia di Kirkland e, soprattutto, del suo atteggiamento nei confronti dell'immagine e dei soggetti che riprende, con quella leggerezza e quella complicità che ne distinguono la cifra stilistica sino ai giorni nostri. Anzitutto, vi è l'esplicita

Douglas Kirkland

WALTER GUADAGNINI

When Douglas Kirkland embarked on his career as a photographer in the second half of the Fifties, photojournalism was enjoying its golden age in terms of numbers and awards. It was probably the last great season of this particular photo genre, soon fated to clash with television… the new rival capable of entering homes faster and in a more pervasive – and apparently even more objective – fashion. All in all, though, the Sixties remained the era of photo-magazines: magazines of all sorts, from the by-now iconic "Life" and "Look" to fashion magazines like "Vogue" and "Harper's Bazaar" (even older yet capable of constant renewal), all the way down to the more popular magazines that relate – in a novel manner, aggressive and impudent – the more or less heroic deeds of the celebrities of the time, first and foremost the biggest names in the film industry, from Hollywood to Cinecittà. *The* world and *a* world. The world is the one described by the greatest photojournalists of the time: the Cartier-Bressons, the Magnum lot, the French humanists and Italian neo-realists – to mention just the most recognised and recognisable groups. A world is the one described and invented by the great fashion and celebrity photographers on one hand, and the paparazzi on the other. A parallel world to the real, everyday world, experienced by most of the dwellers of our planet, even those who live in the wealthier and more developed West, by now in ecstasies induced by consumer society. A world built on dreams and aspirations; a fairy-tale world, yet always ready to turn into its opposite – that is, a world of extremes and disastrous falls, attested to by the evil glare of a night flash (it's no coincidence that the sophisticated HCB abhorred the tool). Kirkland never had a moment of doubt as to which course to embark on, which field to operate in, which linguistic tools to use. This book contains a picture – and not one of the most famous ones by the photographer – that can be seen as emblematic of a widespread attitude, of a life choice: the portrait of Peter Sellers playing a paparazzo as he prowls the streets of Rome on a red FIAT 500 with a sliding roof, through which he emerges armed with a camera featuring a hyper size telephoto lens trained on a blonde beauty aboard a Vespa. Behind them, majestic and unmistakable, stands the Colosseum. This photo showcases all the features of Kirkland's work, and especially of his stance towards the images and subjects he portrays, with the levity and empathy that continue to distinguish his style, even nowadays. First of all, we find the unequivocal claim

dichiarazione che si tratta di una messa in scena, di una recita elaborata per la macchina fotografica, di uno scatto che si inscrive nella storia della fotografia di moda e pubblicitaria, che non vuole porsi come testimonianza del mondo, ma come sua reinvenzione, proprio come accade nel cinema. Infatti, non solo il personaggio principale è direttamente riconducibile a quel mondo, ma l'intera scena è pervasa da rimandi di facile lettura: il mezzo sul quale sfreccia la ragazza è quello che è stato reso celebre nel mondo una decina di anni prima da Audrey Hepburn in *Vacanze romane*; Roma stessa è, in questi anni, la città del cinema per eccellenza, il luogo dove convergono stelle e stelline, dove si sviluppano enormi produzioni e si intrecciano vicende pubbliche e private di ogni genere (come aveva genialmente mostrato nel 1960 *La dolce vita* felliniana); e proprio per questo motivo, la capitale italiana è la culla e il regno dei paparazzi, una nuova specie fotografica che nasce e prospera proprio all'ombra di questo ambiente, ne è insieme prodotto e giudice, fenomeno di costume capace di incidere profondamente sulla società – anche fotografica – del tempo (tant'è che Richard Avedon realizzerà un intero servizio su "Harper's Bazaar" in perfetto stile paparazzo già nel 1962).

Ecco, Kirkland agisce in questo modo, affrontando il tema, qualunque esso sia, direttamente, senza filtri di carattere linguistico o ideologico, proponendolo allo spettatore (che è anche lettore, poiché questa comunicazione avviene attraverso le pagine dei giornali) con una chiarezza di forma e contenuto unica nel suo genere. Le coordinate all'interno delle quali si muovono l'occhio e la mente del fotografo e dello spettatore sono le stesse, entrambi condividono le stesse informazioni, entrambi fanno riferimento a un universo di segni immediatamente decodificabile: la ragazza in Vespa, il fotografo con grande teleobbiettivo, il Colosseo, tre figure inequivocabili disposte con grandissima abilità su tre piani ben definiti, ognuno con il suo ruolo ben definito all'interno della narrazione e della costruzione di senso. Non vi è, non a caso, nessuna possibilità di identificazione fra l'attore e il fotografo reale, l'attore impersona una figura della commedia dell'arte del tempo, che tutti conoscono, e il fotografo la riprende come testimone dell'esistenza di quella figura, non come brano di vita reale. La dimensione è sempre quella della finzione, all'interno della quale si manifesta non la personalità vera, ma quella attesa – immaginata e voluta dallo spettatore – del personaggio ritratto. Si vedano, a questo proposito, le serie dedicate a Audrey Hepburn e a Brigitte Bardot, la prima in particolare tra le più note dell'intera carriera del fotografo, una serie fondamentale nella trasformazione dell'attrice in una vera e propria icona dei decenni centrali del XX secolo: in un caso come nell'altro, ciò che Kirkland fa emergere è la tipicità del personaggio, gli elementi che lo identificano nell'immaginario collettivo: l'attrice americana rappresenta il prototipo della brava ragazza, della moglie che ogni madre vorrebbe per il proprio figlio; quella francese incarna la trasgressione, l'emergenza di un eros che proprio all'inizio degli anni sessanta cominciava ad apparire come forza perturbatrice dell'equilibrio borghese all'interno e all'esterno delle mura domestiche. Ciò che però caratterizza ulteriormente il lavoro di Kirkland è che questi risultati vengono ottenuti pressoché esclusivamente attraverso la rappresentazione del volto e del corpo, con una scarsissima, quasi inesistente, presenza dell'ambiente circostante o di tutti quegli elementi di arredo, abbigliamento, oggettistica che servono abitualmente per creare la scena sulla quale si sviluppa il racconto della persona e della sua personalità. La serie di ritratti della Hepburn è a questo proposito, ancora una volta, esemplare, giungendo sino all'esasperazione di un volto che occupa per intero lo spazio dell'immagine, lasciando al di fuori di essa persino il contorno del viso, dando vita a una composizione quasi astratta. In questo senso, Kirkland può essere considerato come l'esatto contrario di un altro grande ritrattista americano della metà del secolo, Arnold Newman, teorizzatore del "ritratto ambientato": nulla di più distante da questo atteggiamento che la fotografia di Kirkland, i suoi sono ritratti senza ambiente, figure che non necessitano di elementi che li caratterizzino, perché sono essi stessi già sufficientemente caratterizzati, sia dalle loro peculiarità fisiche, sia dalla loro immagine pubblica, dalle caratteristiche che la società (dello spettacolo) ha loro attribuito. Si spiega così anche la serie più nota dell'autore, quella su

that the scene is staged, a performance built for the camera, a photo entering the history of fashion and advertising photography, not wanting to bear witness to the world but to reinvent it, just like in cinema. And indeed, in addition to the main character being linked to that very world, the whole scene is infused with easily-recognisable references: the vehicle the girl is whizzing by on is the one made famous by Audrey Hepburn in "Roman Holiday" about ten years before; at that time, Rome itself was the city of cinema par excellence, the place where stars and starlets met, where huge productions developed and all sorts of public and private affairs intermingled (as shown brilliantly in Fellini's "La Dolce Vita", 1960). And this led to the capital of Italy becoming the cradle and domain of the paparazzi, a new photographic species that was born and flourished in the shadows of this very ambience, its product and judge at the same time, a social phenomenon capable of profoundly affecting the society of the time – photographic society included (indeed, in 1962 Richard Avedon had already published a whole service in perfect paparazzo style in "Harper's Bazaar").

Well, this is how Kirkland operates: tackling his subject – whatever it may be – directly, with no linguistic or ideological filters of any kind, offering it up to the viewer (who is also a reader, because this communication occurs via the pages of a newspaper) with a unique and unrivalled clarity of form and content. The coordinates within which the eye and mind of the photographer and the viewer move are the same; they share the same information, both referring to a universe of signs that can be deciphered instantly: the girl on a Vespa, the photographer with his super lens, the Colosseum – three unequivocal figures skilfully arranged over three distinct planes, each with a well-defined role within the narration and construction of meaning. It's no coincidence that there's no way of identifying the actor with the real photographer; the actor plays the part of a figure belonging to the *commedia dell'arte* of the time and familiar to all and sundry, while the photographer shoots the scene as proof of the figure's existence, not as an excerpt of real life. The dimension remains that of pretence, within which it is not the true personality of the character depicted, but the expected one, imagined and desired by the viewer, that emerges. On this point, see the series devoted to Audrey Hepburn and Brigitte Bardot – the former, more specifically, is one of the most famous in the photographer's career and played a key role in transforming the actress into an icon of the central decades of the 20th century. In both cases, Kirkland showcases the typicality of the character, the elements identifying it in the collective imagination: the American actress represents the prototype of the good girl, the wife every mother would like for her son; the French actress embodies transgression, the emergence of an *eros* which, in the early Sixties, was beginning to show itself as a force disrupting the middle-class balance both at home and away. A further hallmark of Kirkland's work, however, is that these results are achieved almost exclusively via the portrayal of the face and body, with a slight – nearly non-existent – presence of the surrounding environment or of all the furnishings, clothing and objects used regularly to set the stage upon which a person's story and his or her personality unfolds. The series of portraits of Audrey Hepburn is once again a perfect example, to the point where her face fills the image space completely, leaving out even the contours of her face to give life to an almost abstract composition. In this sense, Kirkland can be viewed as the direct opposite of another great mid-century portrait photographer, Arnold Newman, theoriser of the "environmental portrait": there is nothing further from this stance than Kirkland's photography, which features portraits with no environment, figures that don't need any elements to characterise them, because they are already sufficiently characterised in and of themselves – by their physical peculiarities, by their public image, by the features attributed to them by society (or, rather, show business). This also explains the photographer's most renowned series, the one on Marilyn Monroe. Made in 1961, it has been published countless times, even becoming a book. Again, the actress is depicted in a situation that undoubtedly acknowledges her role in the star system – the iconic sex symbol par excellence: in bed, presumably naked (we only catch a glimpse of this in a few details, but Kirkland plays with this very element, knowing it is

Marilyn realizzata nel 1961 e che è stata pubblicata un numero infinito di volte, fino a diventare persino un volume. Anche in questo caso, l'attrice è ripresa in una situazione che risponde senza dubbio al suo ruolo nel gioco dello star system – l'icona sexy per eccellenza –, in un letto, si presume nuda (in realtà questo non si vede se non in qualche piccolo dettaglio, ma è proprio l'elemento sul quale gioca Kirkland, sapendo che ognuno la vedrà così), però all'interno di una spazio scenico fondamentalmente inesistente, dominato dal bianco che fa emergere il volto seduttivo (e più divertito del solito) della protagonista de *Gli spostati* (la seduta ebbe luogo l'anno stesso in cui uscì il film) e la consegna a una dimensione extratemporale, quella, per l'appunto, delle icone. Una seduta nella quale peraltro, a stare al racconto dello stesso fotografo, le scelte fondamentali vennero fatte dall'attrice, a conferma della straordinaria capacità di Kirkland nel rendersi complice, nel dialogare con i propri soggetti, siano essi i personaggi da ritrarre, sia il pubblico che li vedrà in forma di fotografia. Non è difficile riscontare queste caratteristiche anche in altri ritratti, da quello di Dustin Hoffman (nel quale a fronte della moltiplicazione della figura si assiste al totale annullamento dell'ambiente) a quello di Robert Redford (dove prevale, attraverso lo sfondo paesistico, l'accentuazione del personaggio che l'attore incarna in numerosi suoi film), da quello di Jack Nicholson nella classica versione demoniaca a quello di un altrettanto classica, per diversi motivi, Sophia Loren. In questi ritratti si assiste alla perfetta fusione dell'attore con la persona, come se uno non potesse darsi senza l'altro, ed è forse questo il motivo che ha fatto sì che Kirkland diventasse poi, col tempo, uno straordinario fotografo di scena e di moda. Perché sui set costruiti per l'uno o per l'altro mondo (produttivi entrambi, ma entrambi legati alla creazione di sogni e desideri, nonché di icone) trova gli ambienti che corrispondono alle sue necessità, vale a dire quelli slegati dalla realtà, all'interno dei quali i protagonisti giocano la loro parte senza dover nemmeno essere messi in posa, in una sorta di perfetta chiusura del cerchio tra le necessità del fotografo e della committenza e le attese del pubblico. Perché un altro elemento interessante di questa vicenda è proprio il suo essere legata a filo doppio al tema della committenza, sempre presente ma spesso taciuto all'interno del mondo fotografico, come se si trattasse di una *diminutio* delle capacità creative dei fotografi: l'intera parabola di Kirkland – dagli inizi nelle riviste a grande tiratura al lavoro nel cinema e nella moda – dimostra invece come la committenza possa essere semplicemente una condizione nella quale operare affermando il proprio linguaggio, all'interno di mondi che alla fotografia devono talvolta percentuali non indifferenti dei loro successi o dei loro insuccessi e attraverso i quali la fotografia ha contribuito a creare veri e propri fenomeni di costume, a indirizzarlo o a interpretarlo. Forse non è un caso che la serie dedicata a Coco Chanel raffiguri – unica tra quelle pubblicate in questo volume – la stilista al lavoro, intenta evidentemente a curare gli ultimi dettagli prima di una sfilata, quasi una metafora dell'atteggiamento di Kirkland nei confronti del suo strumento e della sua pratica, giocoso (perché anche Coco Chanel ride, come rideva Marilyn), inventivo e insieme professionale, conscio del suo ruolo e felice nell'interpretarlo. In conclusione, piace ricordare la frase di un grande maestro di questo genere, Horst P. Horst, che sembra adattarsi bene anche alla fotografia di Kirkland, poiché evidenzia, al di là dello stile e del linguaggio adottati, il ruolo che essa ha avuto nella costituzione dell'immaginario collettivo del suo tempo: "We never felt we were just taking a photograph. We were making a record of our time" ("Non abbiamo mai avuto la sensazione di fare solamente una fotografia. Stavamo registrando il nostro tempo"). Se si pensa che la carriera di Kirkland ha avuto i suoi impulsi decisivi, come ricorda lui stesso, con il servizio su Marilyn con uno, appena successivo, su Liz Taylor, il suo sviluppo non poteva che andare in questa direzione.

how everyone will picture her), but set within a basically non-existent scenery, dominated by the colour white that showcases the seductive (and more amused that usual) face of the heroine of *The Misfits* (the photo shoot took place the year the movie came out), consigning her to an extra-temporal dimension – that of icons, precisely. A photo shoot, for that matter, where (according to the photographer), the actress herself made the main decisions, thus corroborating Kirkland's extraordinary skill in conspiring with his subjects, in communicating with them – both the people he portrays, and the public that will see them in the guise of a photograph.
The same features are easy to find in other works by Kirkland, from the photo of Dustin Hoffman (where we witness a multiplication of the actor's figure set against a complete cancellation of the environment) to the photo of Robert Redford (where the emphasis on the character played by the actor in several of his films prevails through the landscape background), from the photo of Jack Nicholson in his classic diabolical version to the photo of an equally classic – albeit for very different reasons – Sophia Loren. In these portraits, we witness the perfect merging of actor and person, as if the one could not appear without the other. And this may be what led Kirkland to become, over time, an amazing set and fashion photographer. Because it is on the sets built for one world or the other (both productive, yet both linked to the creation of dreams and desires, not to mention icons) that he finds the environments corresponding to his needs – that is, the ones independent of reality, within which the protagonists play their roles without even needing to be posed, in a sort of perfect closing of the circle between the demands of the photographer and his clients and the expectations of the public. Because another interesting aspect of this experience is precisely its being intertwined with the subject of client sponsorship, always present yet often not mentioned within the photography world, as if it were a *diminutio* of the photographers' creative capabilities: conversely, Kirkland's entire arc – from his start in high-circulation magazines to his work for cinema and fashion – proves how client sponsorship can simply be a condition within which to operate affirming one's own language, in worlds that occasionally owe photography substantial percentages of their success or failures, and by means of which photography has contributed to the creation of social phenomena, directing or giving voice to society and fashion. It may be no coincidence that the series centred on Coco Chanel portrays the designer at work (the only one depicted in this book to do so), clearly intent on overseeing the last details before a fashion show. Almost a metaphor for Kirkland's stance towards his instrument and his work, playful (because Coco Chanel is laughing, just like Marilyn), creative and professional at the same time, aware of his role and happy to embody it. In conclusion, we'd like to recall the words of a great master of the genre, Horst P. Horst, that strike us as equally applicable to Kirkland's photography, as they highlight – beyond the style and language used – the role it played in the establishment of the collective imagination of the time: "We never felt we were just taking a photograph. We were making a record of our time". If we think back on how Kirkland's career had its own crucial impulses – as he himself points out – with Marilyn's photo shoot and Liz Taylor's, taken right afterwards, there was only one direction for his development to take.

Una storia d'amore con la fotografia

DOUGLAS KIRKLAND

Sono un sognatore con la macchina fotografica. Da ragazzo continuavo a rivedere quegli istanti. Le raffiche di neve mentre andavo a scuola a piedi, il viso arrossato del pastore la domenica in chiesa mentre ci minacciava con le fiamme dell'inferno se non avessimo seguito il Vangelo alla lettera. Fantasticavo di catturare tutte quelle immagini, bloccandole nel tempo. Ricordo che, i primi anni, vedevo la vita come una serie di immagini emozionanti e infinite. Volevo documentarle per mostrarle a modo mio. Per me la fotografia è sempre stata un modo di interpretare la gente, i luoghi e gli eventi, e comprendo meglio il mondo osservandolo attraverso il mio obbiettivo.
Sono cresciuto in una cittadina di appena 7500 abitanti, Fort Erie, in Canada. Pur avendo dei ricordi bellissimi delle estati trascorse a nuotare nel fiume Niagara da ragazzo, in realtà sembrava che non accadesse mai niente di importante. Le emozioni si trovavano tutte nel mondo esterno: New York, Hollywood, Europa e oltre. Avrei mai avuto modo di assaporarle? Sognavo di viaggiare, di esplorare, fantasticavo sul mondo del *glamour*. Non conoscevo il mondo del cinema, ma il suo fascino sì, grazie ai venerdì trascorsi a leggere la rivista "Life" con mio padre e alle stelle che comparivano sul grande schermo del Parkway Theater il sabato sera.
Elettrizzato e ispirato dalle immagini dei grandi fotografi internazionali, dentro di me sognavo di essere uno di loro. Mi sono comprato la prima macchina fotografica – una Kodak Duaflex – con la paghetta settimanale, allestendo una camera oscura nell'armadio in camera. Mi ricordo che a dodici anni facevo esposizioni prolungate alla luna sopra il fiume. All'età di quattordici anni ho iniziato a lavorare per lo studio fotografico locale, scattando foto di neonati, per passaporti e matrimoni; ogni tanto capitava un incarico per il giornale locale, il "Times Review". A ventidue anni, dopo un breve periodo di lavoro a Buffalo e poi a Toronto, sono arrivato fino a New York, dove sono riuscito a ottenere un lavoro con il leggendario fotografo Irving Penn.

Un'esperienza che mi ha davvero aperto gli occhi.

Il mio mondo è cambiato drasticamente nel 1960, quando – all'età di 25 anni – sono stato assunto dalla grande rivista americana "Look". Si trattava dell'epoca spesso definita "l'età dell'oro del fotogiornalismo" e io mi trovavo proprio lì, al centro di tutto. Convinto che la mia sopravvivenza in quanto fotografo dipendesse dal mio successo: ero giovane, affamato e aggressivo.

A Love Affair with Photography

DOUGLAS KIRKLAND

I am a dreamer with a camera. I saw the instant over and over again since boyhood. Walking to school, the snowdrifts were blowing, in church on Sunday the red face of our preacher threatened us with the fires of Hell if we didn't follow the Gospel to the word and I'd imagine all those images caught, locking them in time. In the early days, I remember looking at life as a series of endless and exciting images. I wanted to record them and show them in my way. Photography for me has always been about interpreting people, places and events and I understand the world better looking at it through my camera.

I was raised in a small town of 7500 people, Fort Erie, Canada. Although I still have wonderful memories of my boyhood summers swimming in the Niagara River, nothing important ever seemed to happen there. The excitement was all outside, New York, Hollywood, Europe and beyond. Would I ever have an opportunity to taste them? I yearned for travel, exploration and fantasized about the world of glamour. I didn't know the movie world but I knew the excitement from looking at Life Magazine every Friday with my father or seeing the stars coming up on the screen at the Parkway Theater on Saturday night.

I was exhilarated and stimulated by the images of the word's great photographers and in my most secret dreams I aspired to be them. I bought my first camera a Kodak Duaflex with money from after school chores and set up a darkroom in my bedroom closet. I remember making time exposures of the moon above the river at the age of twelve. By the age of fourteen I had started working at the local photo studio photographing babies, passports pictures and weddings with an occasional assignment for the local paper, the *Times Review*. At twenty-two, after a short stint in Buffalo and Toronto, I worked my way to New York and managed to get a job with the legendary photographer Irving Penn.

This was a major eye opening experience.

My world changed drastically in 1960, when I was hired by the great American Magazine "Look", at the age of 25. This was an era, which has often been described as, "The Golden Age of Photojournalism", and I was right there in the center of it. I was young, hungry and aggressive since I felt my survival as a photographer depended on my success.

La prima star del cinema che ho conosciuto è stata Elizabeth Taylor, a Las Vegas. L'ho guardata nei suoi occhi viola e ho detto: "Sono alle prime armi con questa rivista. Si immagina cosa significherebbe per me, se mi concedesse l'opportunità di fotografarla?". Dopo un attimo di silenzio, mi ha detto: "Vieni domani sera alle otto e trenta".

Quella sessione fotografica è stata pubblicata in tutto il mondo, ottenendo un successo strepitoso. Così ha avuto inizio la mia carriera nell'industria cinematografica.

Tutte le porte sembravano aprirsi di fronte a me, ed ero circondato da gente che incoraggiava ogni forma di sperimentazione. Ho vissuto questo periodo, macchina fotografica alla mano, con l'euforico senso di meraviglia di un bambino. La vita era un sogno, e la mia missione era quella di documentare ogni cosa, dalla zona dei figli dei fiori e la moda del tempo, alle luci e ombre delle vite dei divi del cinema.

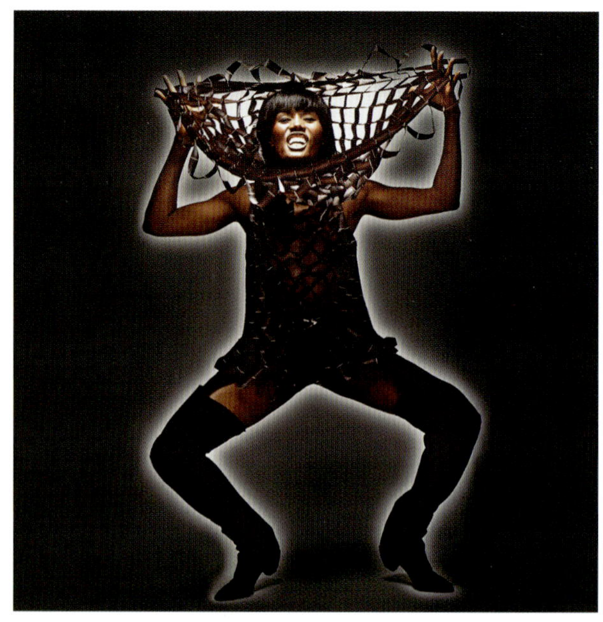

Grace Jones, 1994, stampa giclée / archival pigment print
cm 50.80 x 60.96 ca. / inches 20 x 24 ca.

Nel 1974, io e mia moglie Françoise ci siamo trasferiti a Los Angeles, dove mi sono ritrovato a lavorare agiatamente per varie compagnie cinematografiche.
I miei incarichi c'erano ancora; provenivano da una nuova ondata di pubblicazioni e clienti in cerca di un look meno "approfondito" e scattato nel corso di qualche ora, anziché di giorni o settimane. La mia soluzione era quella di fotografare ciò che mi veniva richiesto; ove possibile, poi, restavo più a lungo per fare ciò che ritenevo più significativo. Un'altra soluzione era quella di creare io stesso i miei incarichi, una cosa che continuo a fare.
Gran parte del mio lavoro è tuttora fotografare le celebrità che affascinano la gente.

Niente può sostituire lo sguardo di passione o malinconia negli occhi di un individuo. Proviene dal mondo, delicato e semi-consapevole, del rapporto tra un fotografo e il suo soggetto.

Molti vedono la vecchiaia come un periodo di oscurità e tristezza. Io invece la assaporo appieno e la festeggio come un crescendo di tutti gli eventi meravigliosi a cui ho preso parte.
Non ho mai valutato l'ipotesi di andare in pensione, una parola che non rientra nel mio lessico. Come potrei divertirmi più di ora, che ho superato gli ottant'anni?

My first encounter with a movie star was with Elizabeth Taylor in Las Vegas. I looked directly into her violet eyes and said, " I'm new at this magazine. Could you imagine what it would mean to me if you gave me an opportunity to photograph you?"... A beat of silence then she said: "Come tomorrow night at 8.30".

The photo session was a great success and was published worldwide. Thus, my career working in the movie industry was launched.

All doors seemed opened to me and everyone around me vigorously encouraged all forms of experimentation. I carried my camera through this period with a child's wide eyed, wonderment and exhilaration. I was living a fantasy and I felt my mission was to record everything from the beat of the flower children and the fashion of the day, to the brightness and shadows in the lives of movie stars.

In 1974, my wife Francoise and I moved to Los Angeles and I found myself working comfortably for a number of film companies.

My editorial assignments were still there. They were from a new wave of publications and clients, who wanted a less "in depth" look, photographed over hours, rather than days or weeks. My recourse was to photograph what I was asked for, then whenever possible, stay longer and do what I felt was more meaningful. The other answer was, creating my own assignments, which I still do to this day.
A large part of my work remains photographing celebrities whom people are always fascinated by.

Nothing can replace the look of passion or pensiveness in the eyes of a subject. That comes from that delicate semi conscious world of a photographer's relationship with his subject.

Many people see the later time of their lives with darkness and sadness. I enjoy it and celebrate it as a Crescendo of all the wonderful events I have been part of.
Retirement is not a word in my vocabulary and has never been a consideration. How could I have more fun and pleasure than I'm having today in my mid 80's?

Ancora innamorati dopo tutti questi anni

FRANÇOISE KIRKLAND

"Ci divertiamo, no?" esclama Douglas mentre il nostro team è impegnato nella preparazione febbrile delle immagini per questo volume. Ogni nuovo progetto è un processo elettrizzante, continuiamo a osservare la nostra vita nelle foto, non smettiamo mai di scoprire immagini inedite, così come è una costante riscoperta di noi stessi attraverso gli oltre 50 anni del nostro rapporto.

Sono nata a Parigi, ma la famiglia italiana di mia madre si era trasferita a Parigi quando lei era in fasce. Ho sempre avvertito un profondo legame con le mie radici italiane da quando ho visitato Roma per la prima volta, all'età di 16 anni. Adoro essere francese, ma mi piace scherzare dicendo che la mia parte migliore è quella italiana!

La nostra storia è iniziata nel 1965 sul set di un film ambientato a Parigi, *Come rubare un milione di dollari e vivere felici*, con Audrey Hepburn e Peter O'Toole. Avevo ventuno anni e studiavo alla Sorbona; mia madre lavorava per la compagnia cinematografica. Ed eccolo lì, stravaccato su una poltrona nell'ufficio di mia madre agli Studi de Boulogne. Dormiva serenamente, le braccia incrociate dietro la nuca. Allora ho capito perché tutte le ragazze lo adoravano. Era alto, una bellezza alla Jimmy Stewart. Risvegliandosi, si è stropicciato gli occhi con entrambi i pugni come un bambino. Lo fa ancora oggi, e per me è sempre irresistibile.

Venuto a fotografare i divi del cinema, Douglas mi ha corteggiato sulle rive della Senna. Ci siamo innamorati, portando avanti la nostra storia con incontri a Londra, Roma, Venezia e Madrid. È stata la prima volta che abbiamo lavorato insieme, un'esperienza eccitante e romantica al tempo stesso. Alla fine ci siamo sposati a notte fonda durante un viaggio a Las Vegas.

Gli anni sessanta e i primi anni settanta sono stati l'età dell'oro del fotogiornalismo, e noi ci siamo goduti il meglio. Vivevamo da miliardari senza la responsabilità della ricchezza, alloggiando presso i migliori hotel in Europa e socializzando con l'aristocrazia, se così si può dire, del cinema. Era una vita senza pretese e piena di *joie de vivre*, e noi l'abbiamo vissuta appieno. Ci lasciavamo coinvolgere dalle vite dei nostri soggetti, a volte trascorrendo settimane intere accanto a loro. Ricordo che una volta, dopo una lunga giornata sul set, io e Douglas abbiamo invaso i corridoi del Beverly Hills Hotel carichi della nostra attrezzatura, con gli ospiti più eleganti che si lamentavano degli hippy che avevano ormai preso il sopravvento!

Nonostante l'enorme fama e i successi ottenuti da

Still in Love After All These Years

FRANÇOISE KIRKLAND

"We have fun don't we?" Douglas calls out as our team is feverishly preparing the images for this book. Every time we start a new project it is an exhilarating process, we keep watching our life through the work, we never cease to discover new images which have never been published and we keep rediscovering ourselves through the more than 50 years of our relationship.

I was born in Paris, but my mother's Italian family had moved to Paris when she was a baby. I have always felt a strong attraction to my Italian roots from the first time I visited Rome when I was 16. I love being French by I like to joke saying that the better half of me is the Italian one!

Our story began in 1965 on a film set in Paris, *How to Steal A Million*, with Audrey Hepburn and Peter O'Toole. I was a 21-year old student at the Sorbonne; my mother worked for the film company. There he was, stretched out in an armchair in my mother's office at the studio de Boulogne, sleeping peacefully his arms behind his head. Now I understood why all the girls had been calling for him. He was very tall with Jimmy Stewart movie star looks, and when he woke up, he rubbed his eyes with both fists like a little boy. He still does today and I still find it totally irresistible.

Douglas had come to take pictures of the movie stars and romanced me by the Seine. We fell in love, continued our love affair meeting in London, Rome, Venice, and Madrid. It was my first taste of working together and it was wonderfully exciting and romantic. We eventually got married in Las Vegas late one night.

The Sixties and early Seventies were a period of abundance for photojournalism and we enjoyed the best of it. We lived like millionaires without the responsibility of being rich, staying in the best hotels of Europe and mingling with the "aristocracy" of the cinema. It was all very unpretentious, full of joie de vivre, and we embraced it heartily.

We got involved in the lives of our subjects, sometimes spending weeks at a time with them. Once when Douglas and I after a long day on location tramped through the corridors of the Beverly Hills Hotel with our photo equipment, well-appointed guests complained to the management about the hippies really taking over!

In spite of all the success and recognition Douglas has received there has always been an innocence about him that made him totally accessible and vulnerable and he remains the same to this day. He says, "Part of where I came from is still in me". A

Douglas, l'innocenza che l'ha sempre contraddistinto lo rendeva umano e vulnerabile, e questo negli anni non è cambiato.
Dice: "Una parte delle mie origini è ancora con me". Un'infanzia felice trascorsa in una cittadina del Canada ha plasmato il suo atteggiamento nei confronti del mondo e, per dirla con parole sue, "Mi ha aiutato a sviluppare un ego senza pretese". Douglas Kirkland è un mix di modestia e senso del dovere orientato a fare sempre del proprio meglio in qualsiasi circostanza – per non parlare di un profondo amore per il proprio lavoro. Da quando lo conosco, continua a interrogarsi e a reinventarsi come artista. Il suo talento e la sua dedizione non cessano mai di emozionarmi. Poiché ha scelto di trascorrere la vita con una macchina fotografica in mano, il nostro viaggio insieme è pieno di sorprese e nuove sfide. Ogni immagine evoca il ricordo di un tempo e un luogo ben precisi. Non siamo affatto "gente da Hollywood", ma ci godiamo ancora l'esperienza. Né siamo stanchi; anzi, i nuovi progetti e incarichi continuano ad appassionarci. Un tempo eravamo convinti che avremmo cambiato il mondo; ora riesco solo a pensare che ci siamo divertiti da morire, e che è ancora così!

Françoise Kirkland, 2019

In vecchiaia, molti fotografi girano senza una macchina fotografica. È raro però vedere Douglas senza la sua macchina fotografica, che sembra nata assieme a lui – un'estensione fisica e mentale. È – ed è sempre stato – così attraente che la gente lo ammira come di solito fa con i divi del cinema. Me ne accorgevo ogni volta che veniva nel mio ufficio o a casa mia. Ma soprattutto: Douglas ha il dono di un bel carattere pieno di empatia, che ti fa sentire subito a tuo agio.

Con affetto,

Grazia Neri
Fondatrice e proprietaria dell'agenzia fotografica Grazia Neri

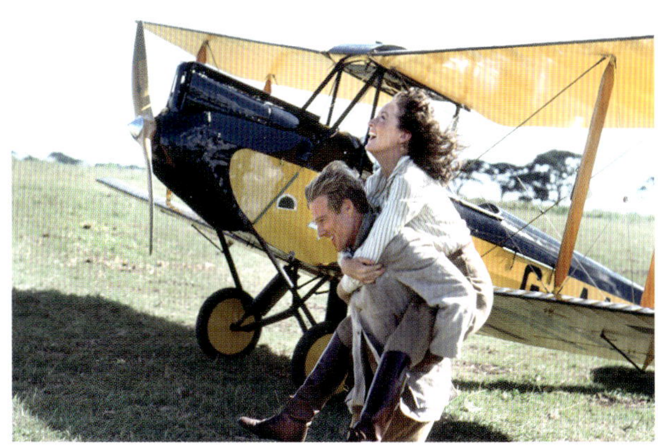

Meryl Streep and Robert Redford – Out of Africa, 1985, stampa giclée / archival pigment print, cm 50.80 x 60.96 ca. / inches 20 x 24 ca.

happy childhood in a small town in Canada shaped his attitude towards the world and, as he puts it, "Has kept my ego down to earth". Modesty combined with a fundamental sense of responsibility to give his very best no matter what the circumstances – and above all, his deep love for his work – are basically what Douglas Kirkland is all about. As long as I've known him he has constantly questioned and reinvented himself as an artist. I never cease to be moved by his talent and dedication. Because he has chosen to make his way through life with a camera in his hands, our journey together is full of surprises and new challenges. Indeed, these pictures are evidence of the great adventure that has been our life together. Each image conjures up a memory of a time and place. We 're not remotely "Hollywood" but we continue to savor every experience. We nurture our circle of interesting close friends. There is nothing jaded about us and we still get excited at every new prospect and assignment. We used to think we'd change the world, now all I can add is we've had a great time and continue to!

Françoise Kirkland, 2019

In their later years, many photographers go around without a camera. It is very rare to see Douglas without a camera. The camera seems born with him: an extension of his body and mind. He is and has always been so good looking that people look at him like they usually look at movie stars. I always felt this when he came into my office or my home. But most important: Douglas has the gift of good character rich with empathy, which makes you feel immediately at ease.

With my affection,

Grazia Neri
Founder and owner of the Grazia Neri photo agency

Opere / Works

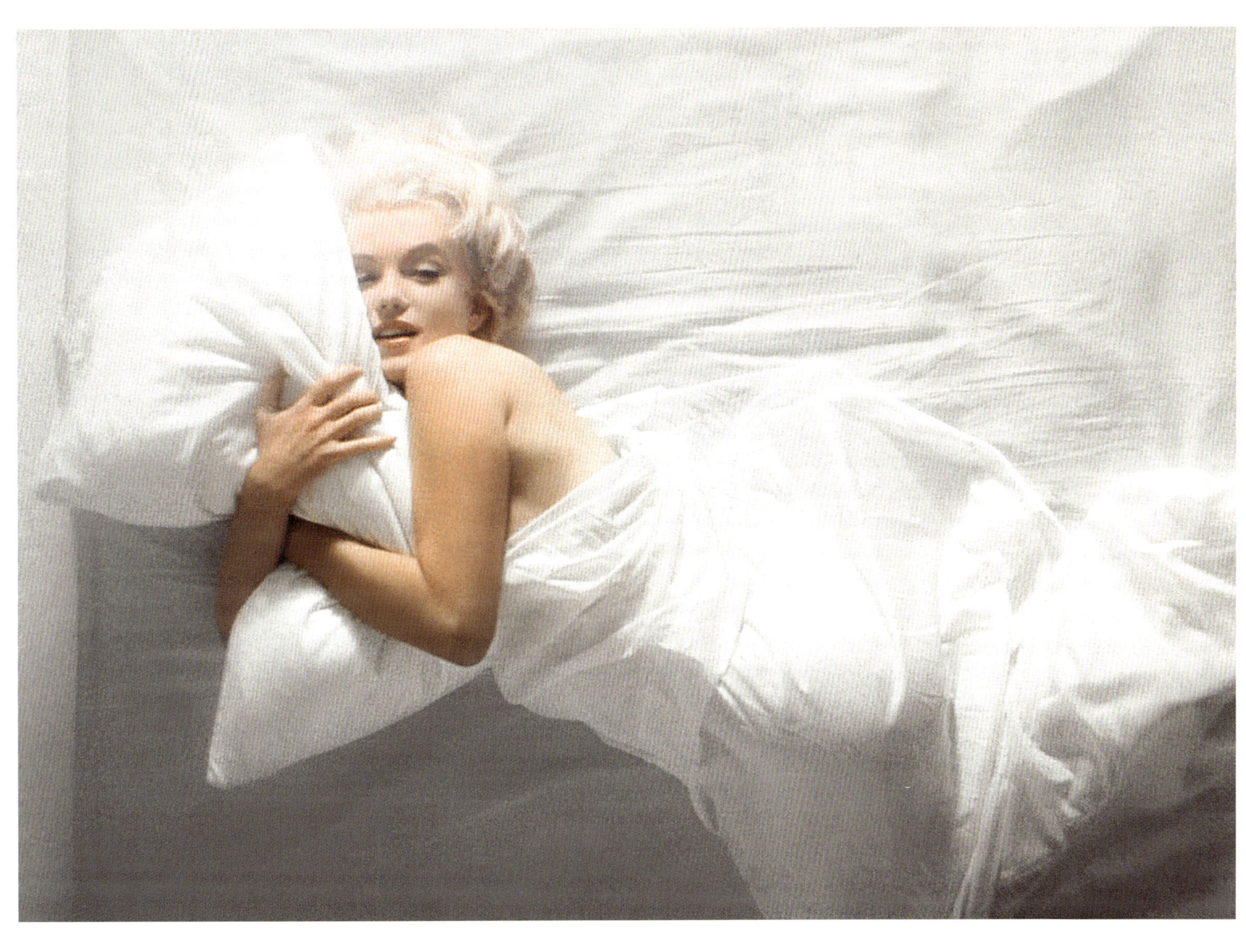

Marilyn Monroe, 1961
stampa giclée / archival pigment print
cm 50.80 x 60.96 ca. / inches 20 x 24 ca.

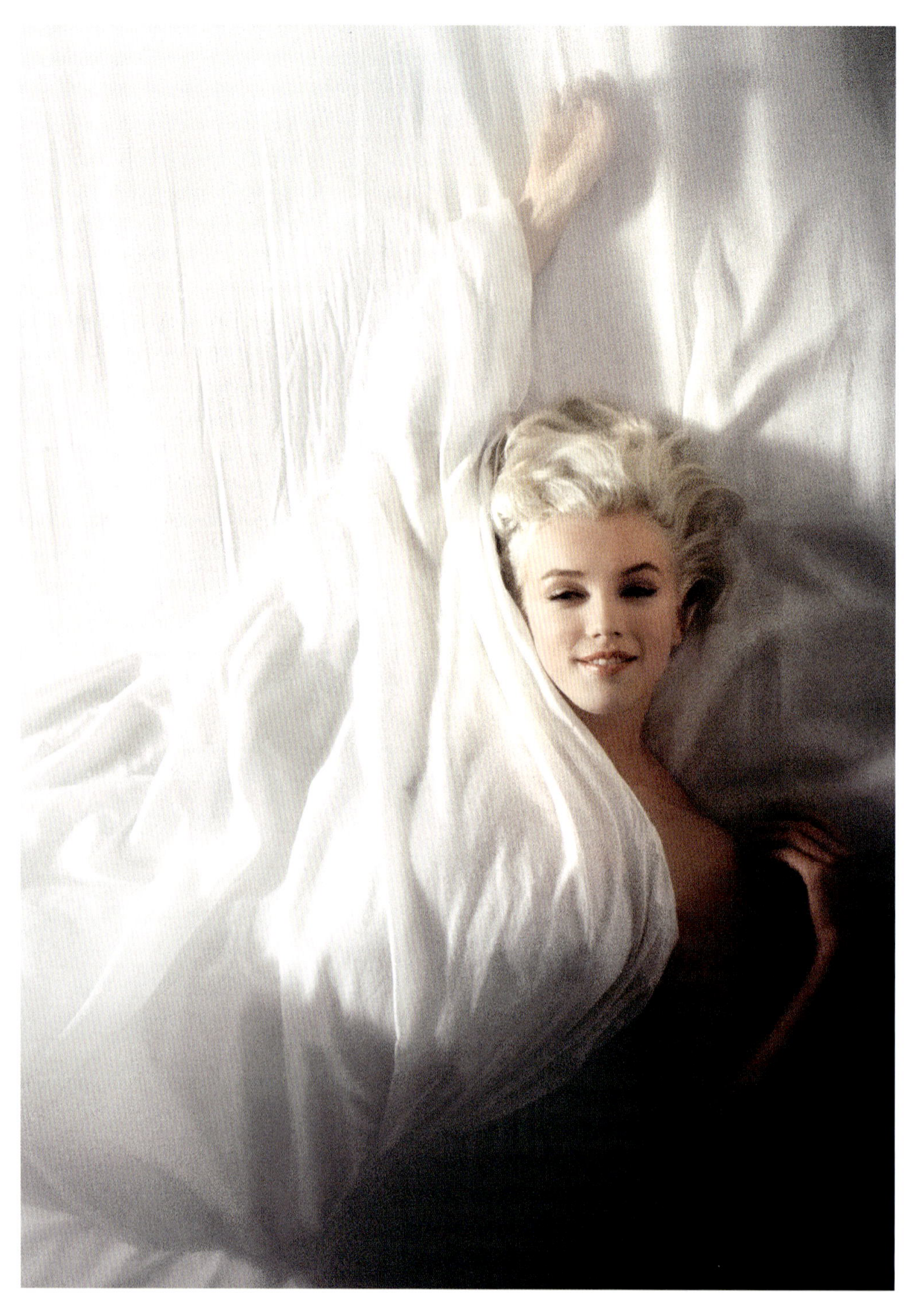

Marilyn Monroe, 1961
stampa giclée / archival pigment print
cm 50.80 x 60.96 ca. / inches 20 x 24 ca.

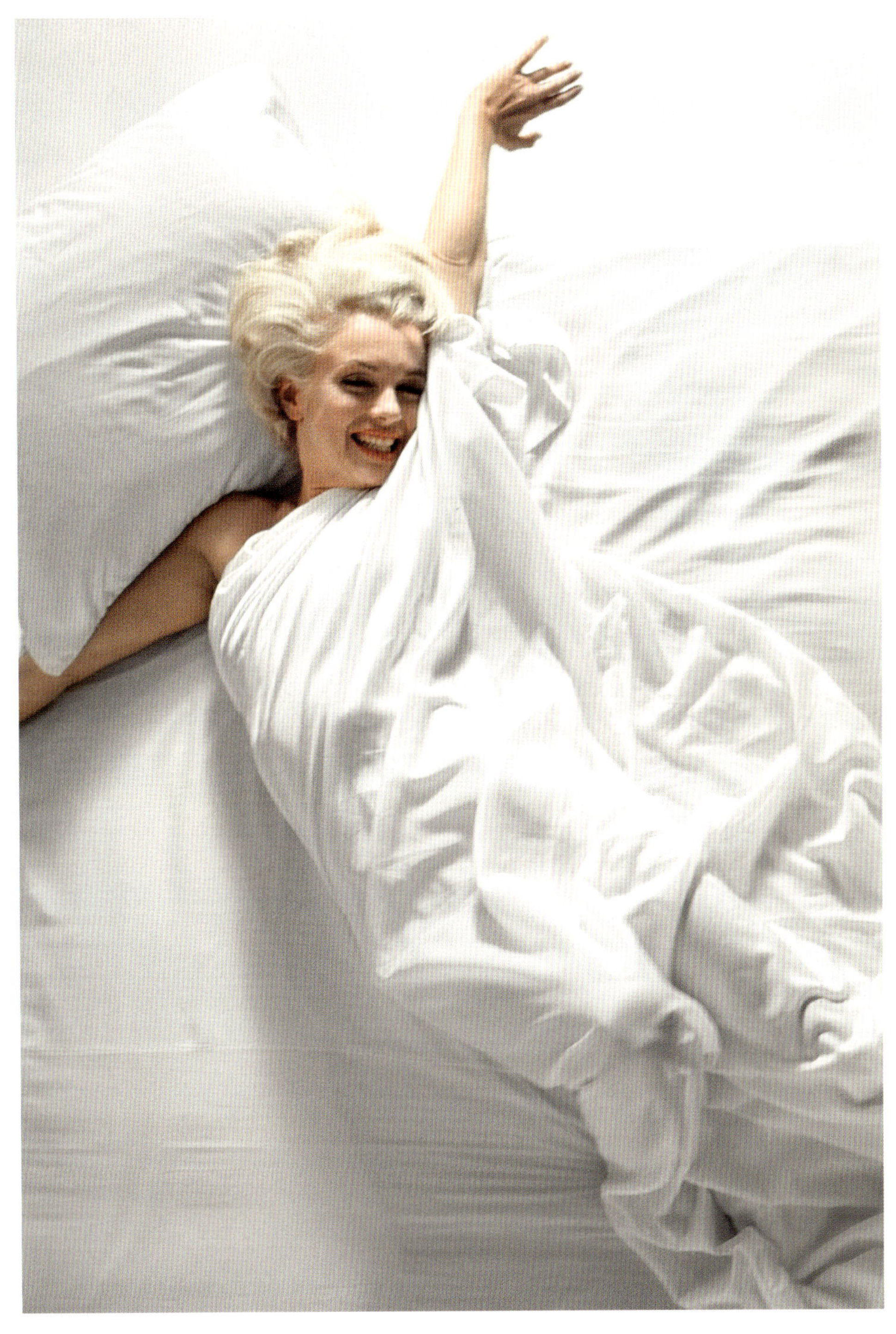

Marilyn Monroe, 1961
stampa giclée / archival pigment print
cm 53 x 37 ca. / inches 20 x 15 ca.

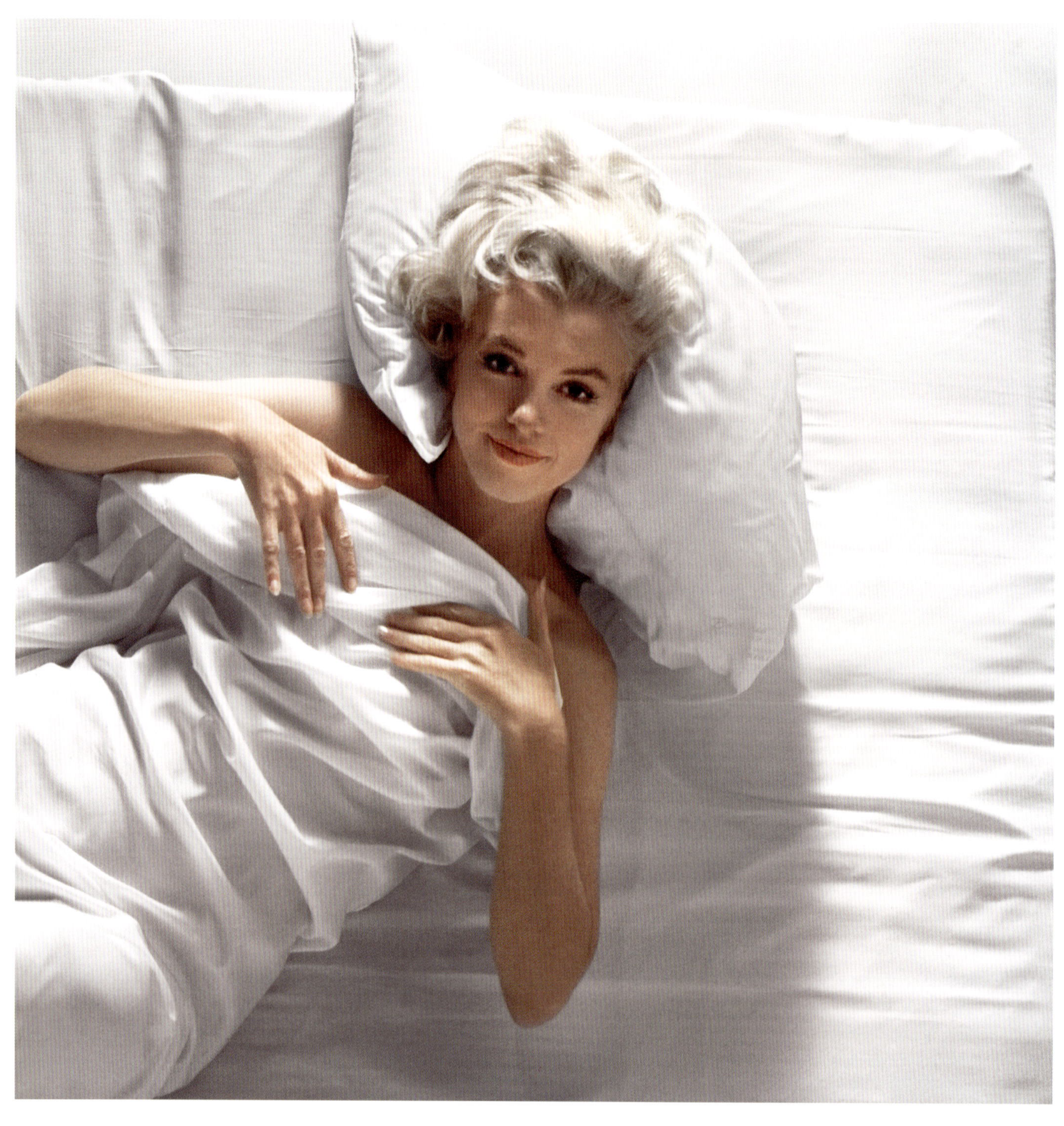

Marilyn Monroe, 1961,
stampa giclée / archival pigment print,
cm 101.60 x 101.60 ca. / inches 40 x 40 ca.

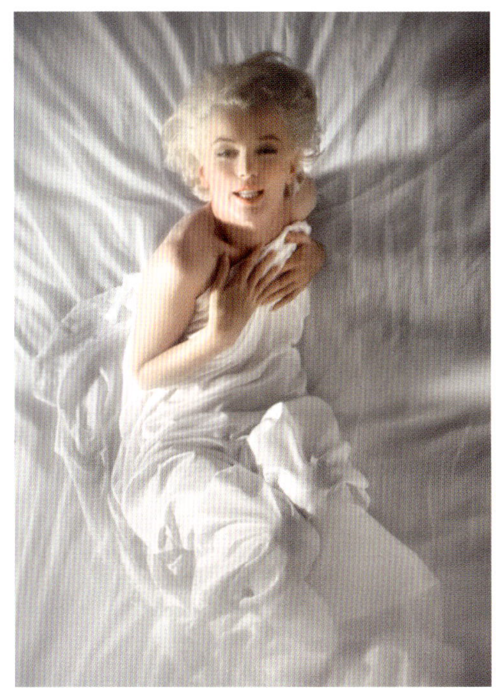

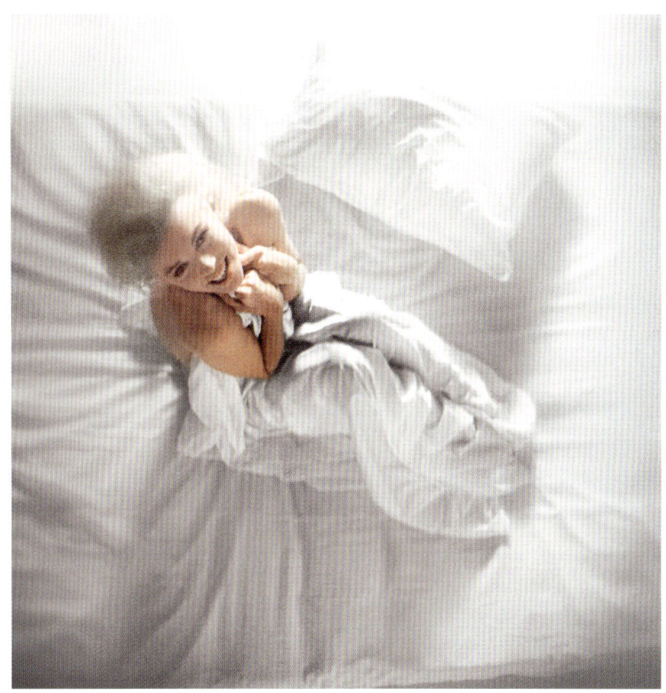

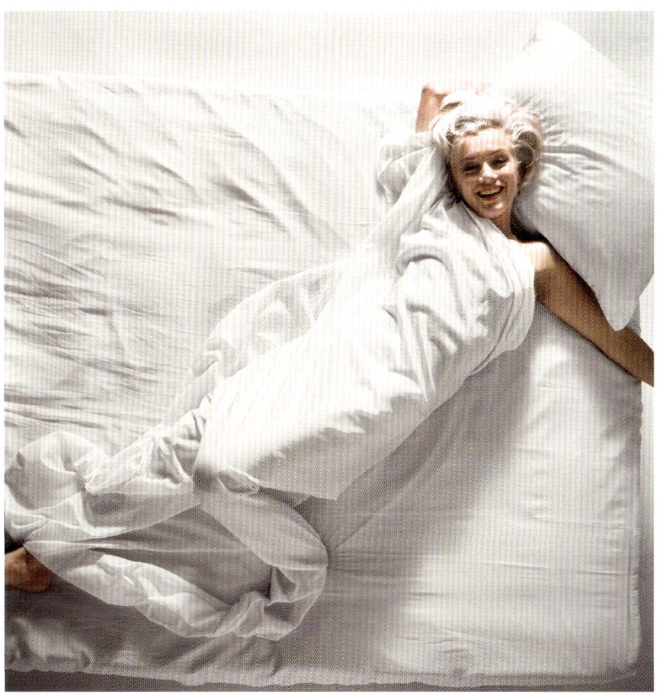

Marilyn Monroe, 1961
stampa giclée / archival pigment print
cm 76.2 x 60.96 ca. / inches 30 x 40 ca.

Marilyn Monroe, 1961
stampa giclée / archival pigment print
cm 101.60 x 101.60 ca. / inches 40 x 40 ca.

Marilyn Monroe, 1961
stampa giclée / archival pigment print
cm 101.60 x 101.60 ca. / inches 40 x 40 ca.

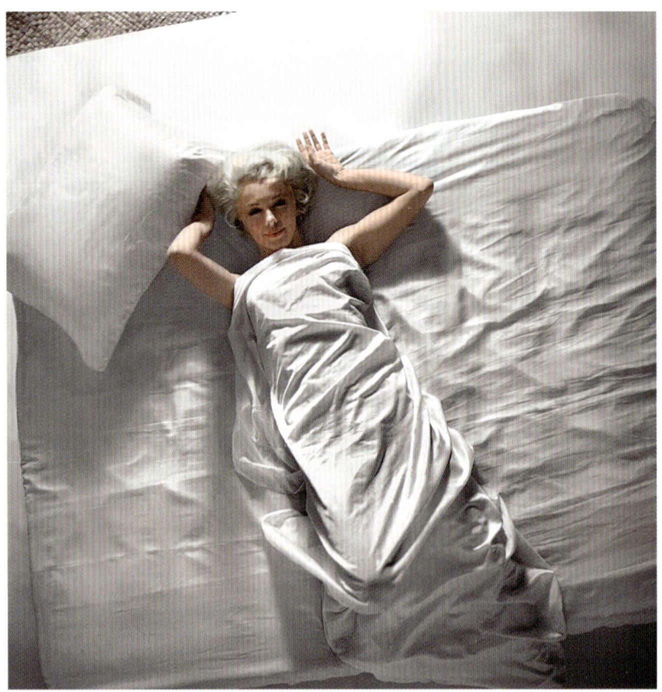

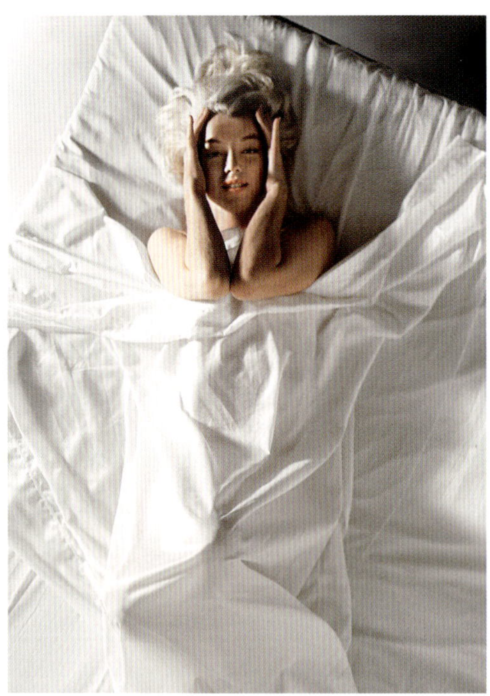

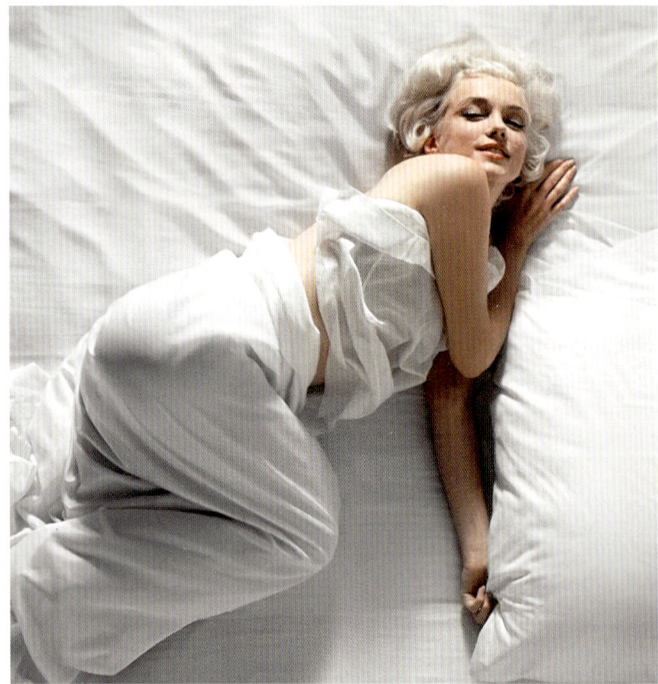

Marilyn Monroe, 1961
stampa giclée / archival pigment print
cm 60.96 x 60.96 ca. / inches 24 x 24 ca.

Marilyn Monroe, 1961
stampa giclée / archival pigment print
cm 60.96 x 60.96 ca. / inches 24 x 24 ca.

Marilyn Monroe, 1961
stampa giclée / archival pigment print
cm 50.80 x 60.96 ca. / inches 20 x 24 ca.

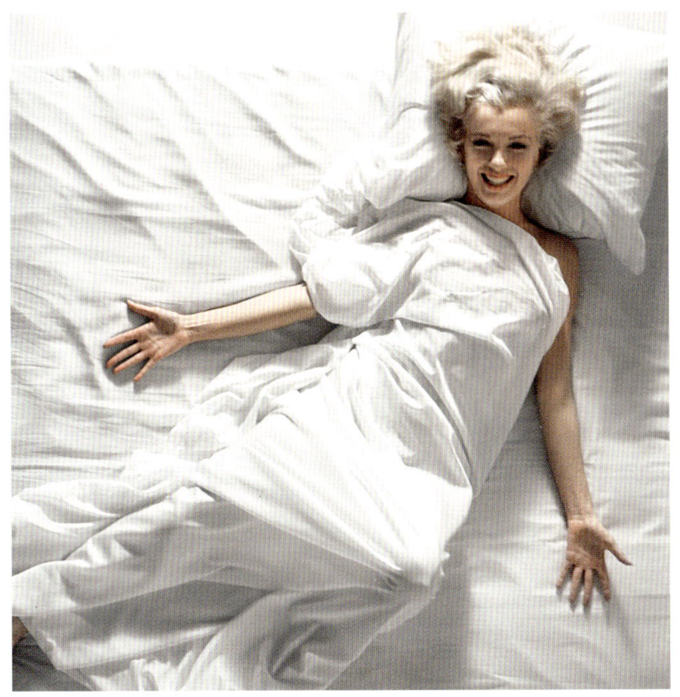

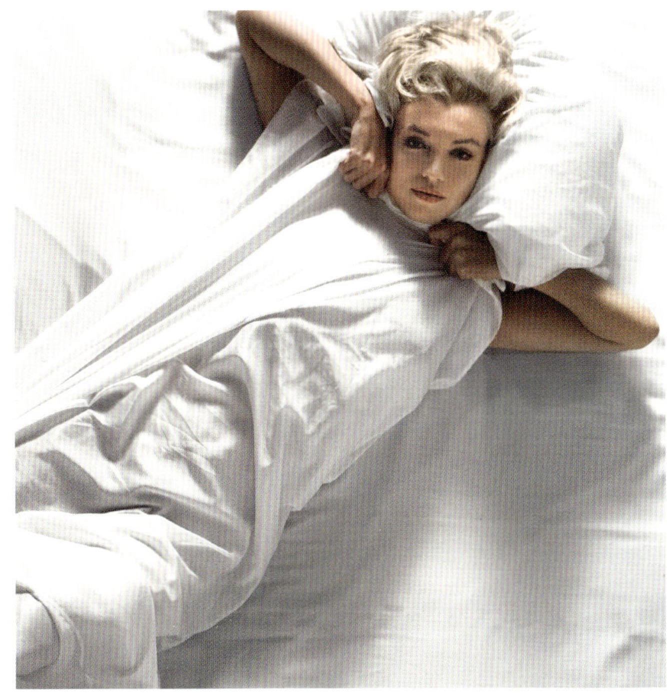

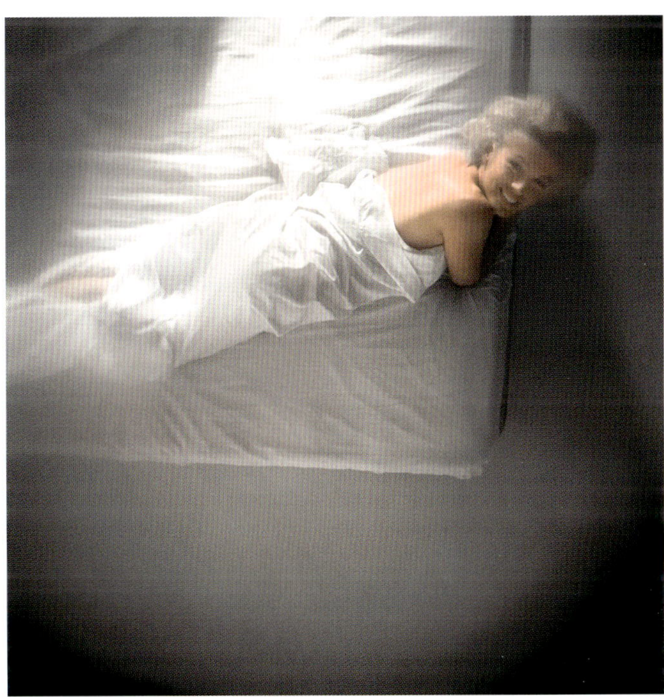

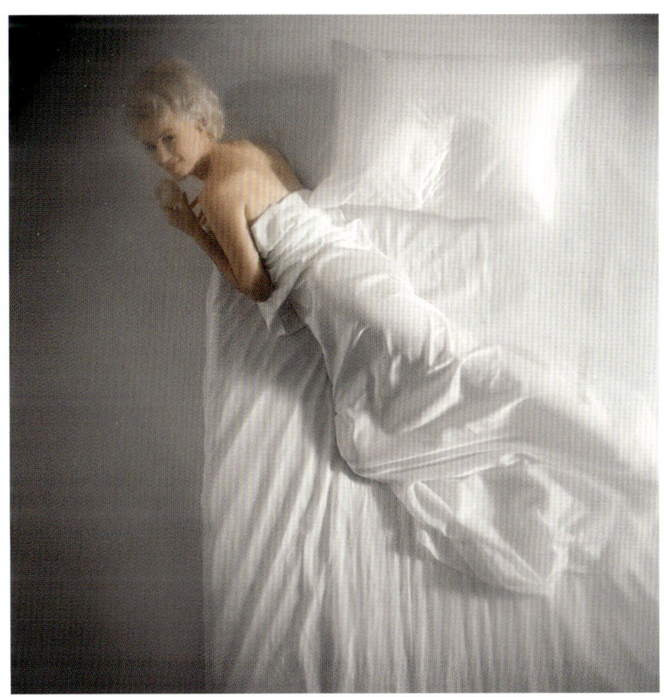

Marilyn Monroe, 1961
stampa giclée / archival pigment print
cm 60.96 x 60.96 ca. / inches 24 x 24 ca.

Marilyn Monroe, 1961
stampa giclée / archival pigment print
cm 60.96 x 60.96 ca. / inches 24 x 24 ca.

Marilyn Monroe, 1961
stampa giclée / archival pigment print
cm 60.96 x 60.96 ca. / inches 24 x 24 ca.

Marilyn Monroe, 1961
stampa giclée / archival pigment print
cm 60.96 x 60.96 ca. / inches 24 x 24 ca.

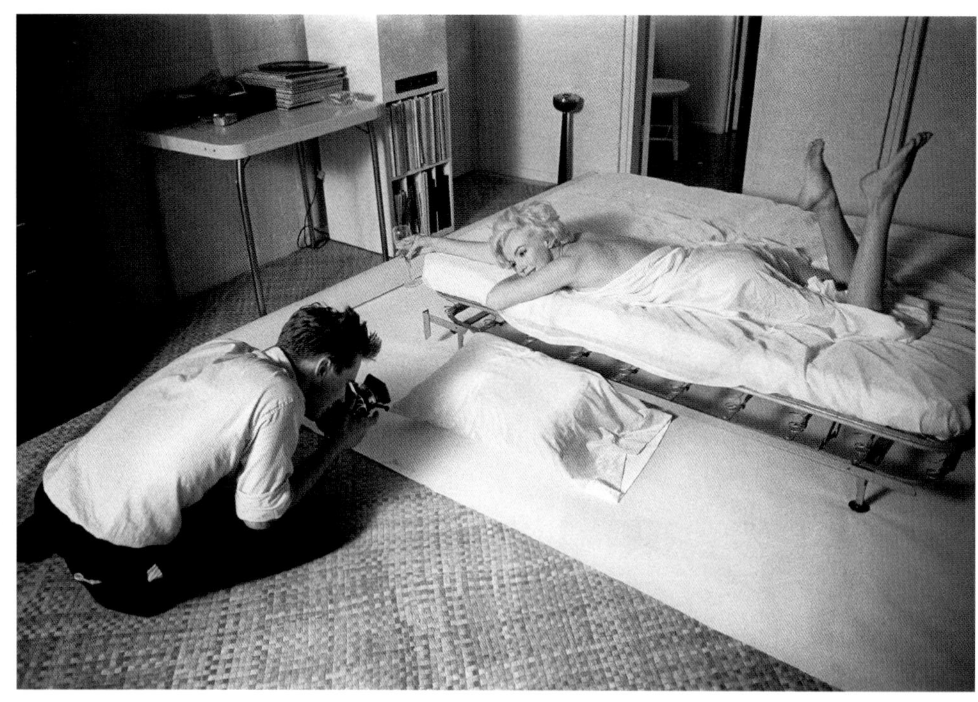

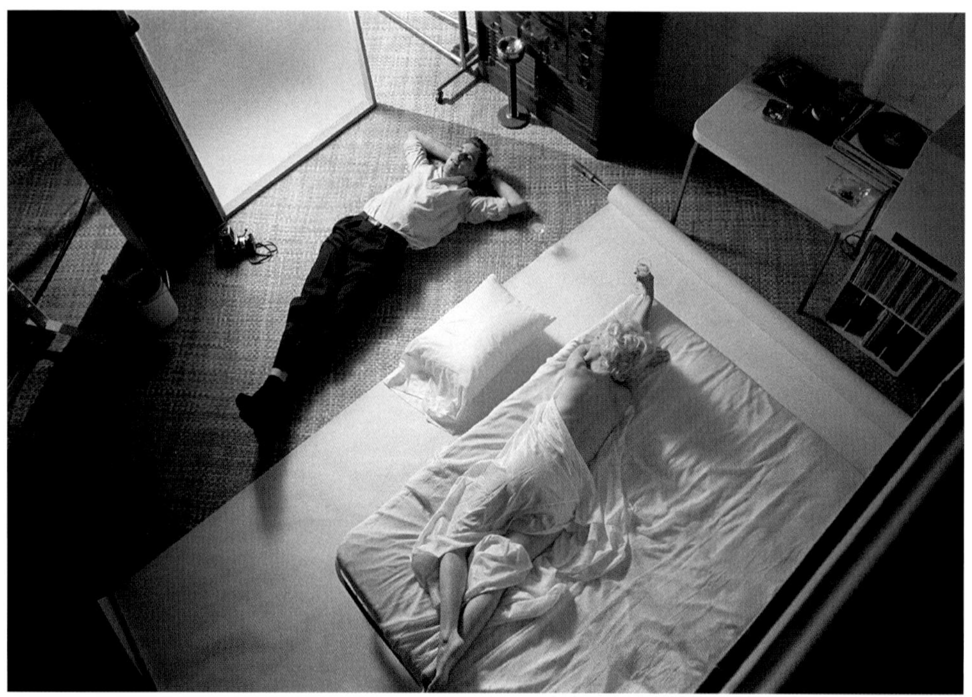

Doug and Marilyn Monroe,1961,
stampa giclée / archival pigment print
cm 76.2 x 60.96 ca. / inches 30 x 40 ca.

Doug and Marilyn Monroe, 1961,
stampa giclée / archival pigment print
cm 76.2 x 60.96 ca. / inches 30 x 40 ca.

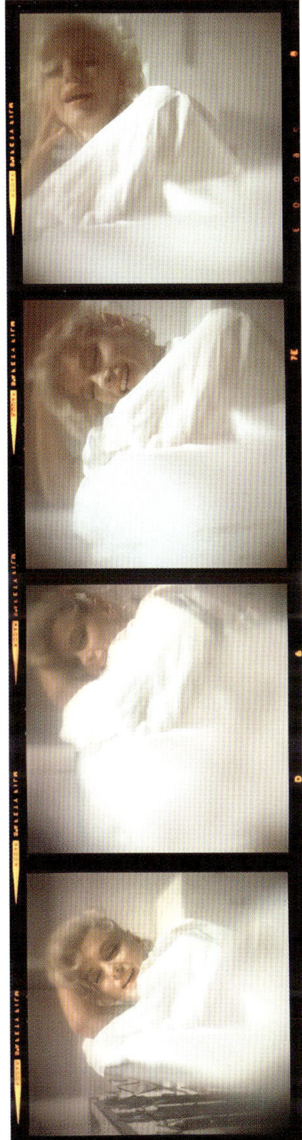

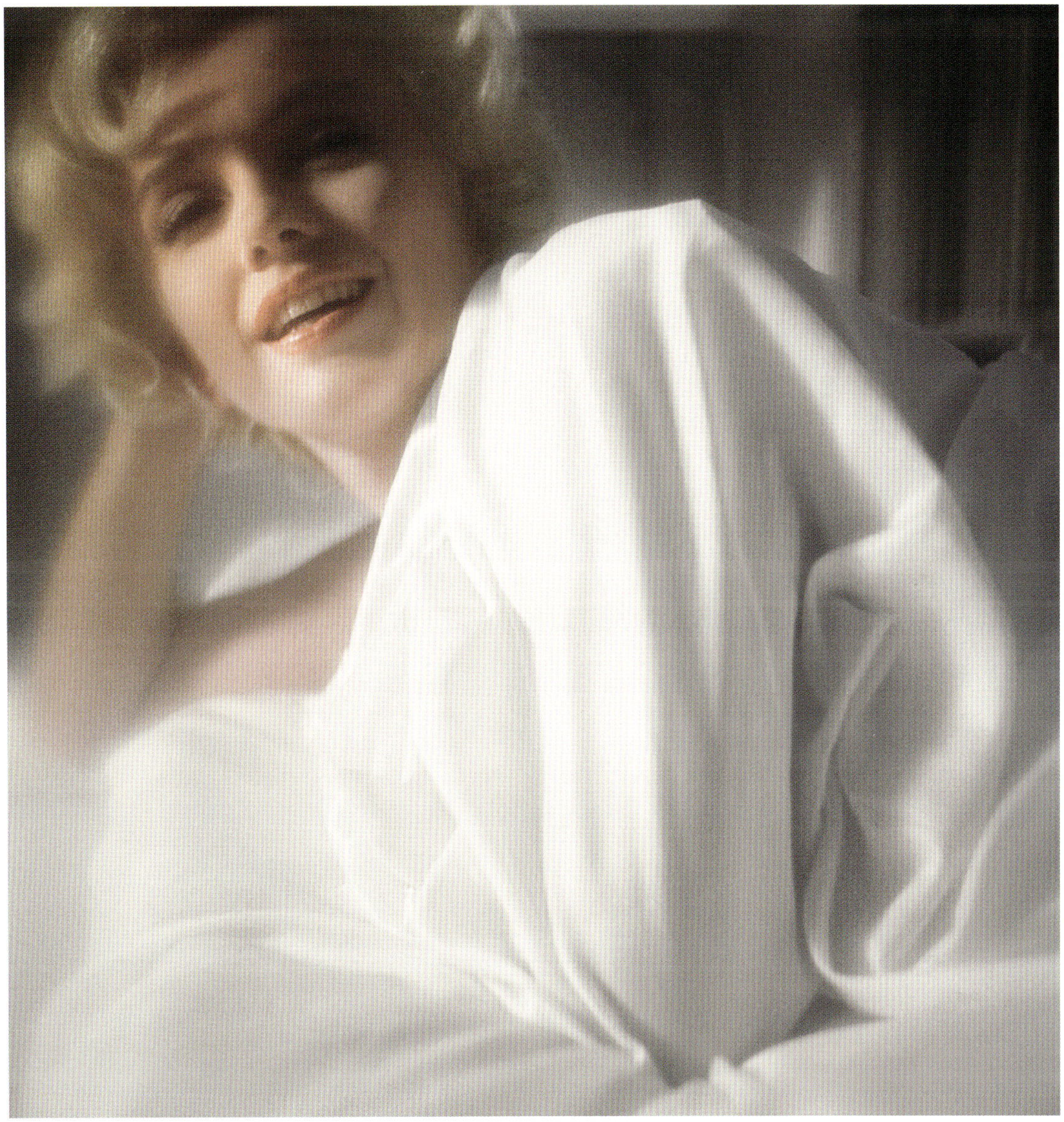

Marilyn Monroe, 1961
stampa giclée / archival pigment print
cm 60.96 x 218.44 ca. / inches 24 x 86 ca.

Marilyn Monroe, 1961
stampa giclée / archival pigment print
cm 60.96 x 60.96 ca. / inches 24 x 24 ca.

Marilyn Monroe, 1961
stampa giclée / archival pigment print
cm 30 x 42 ca. / inches 12 x 17 ca.

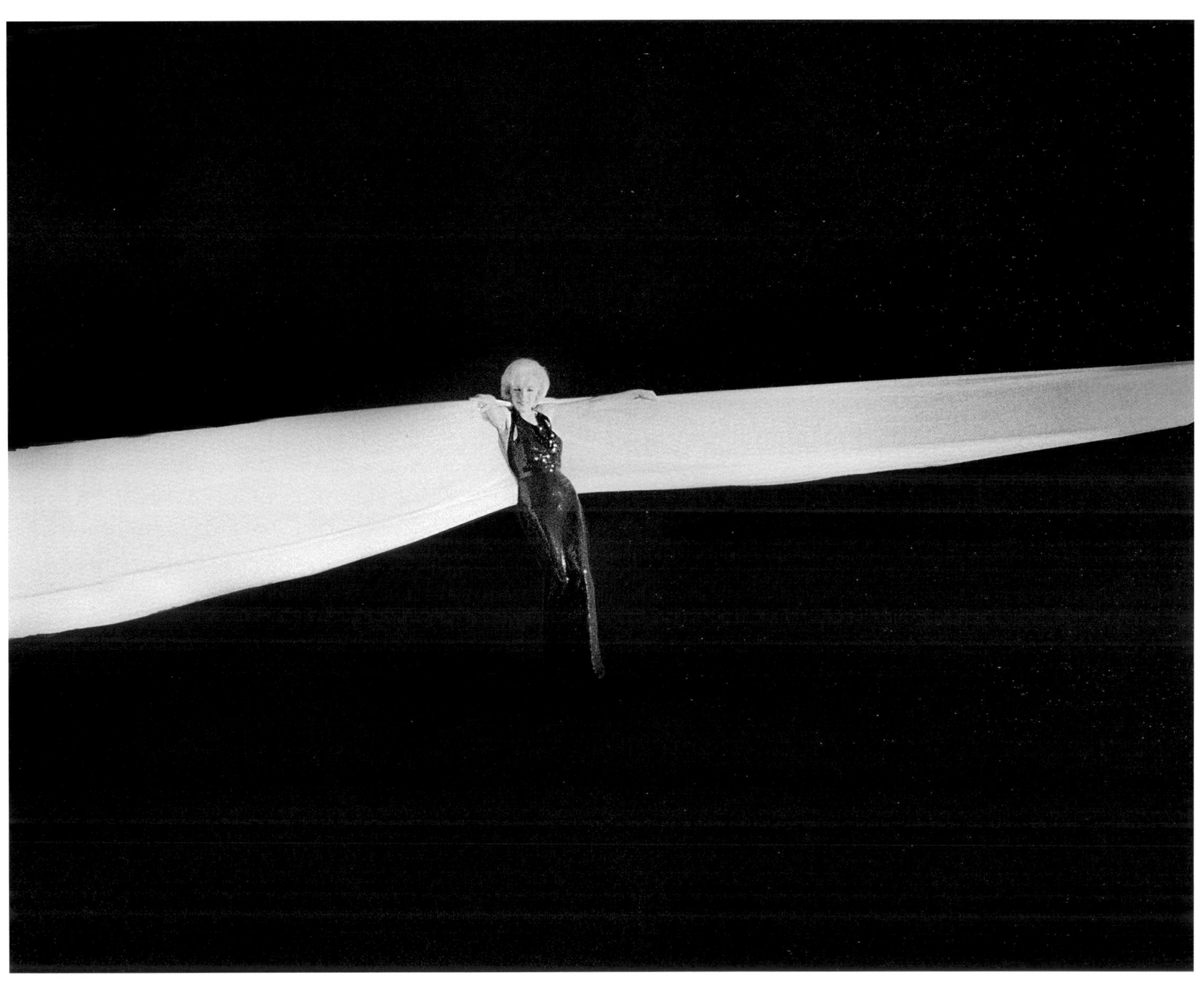

Art Buchwald with Douglas, Paris, 1961
stampa giclée / archival pigment print
cm 50.80 x 60.96 ca. / inches 20 x 24 ca.

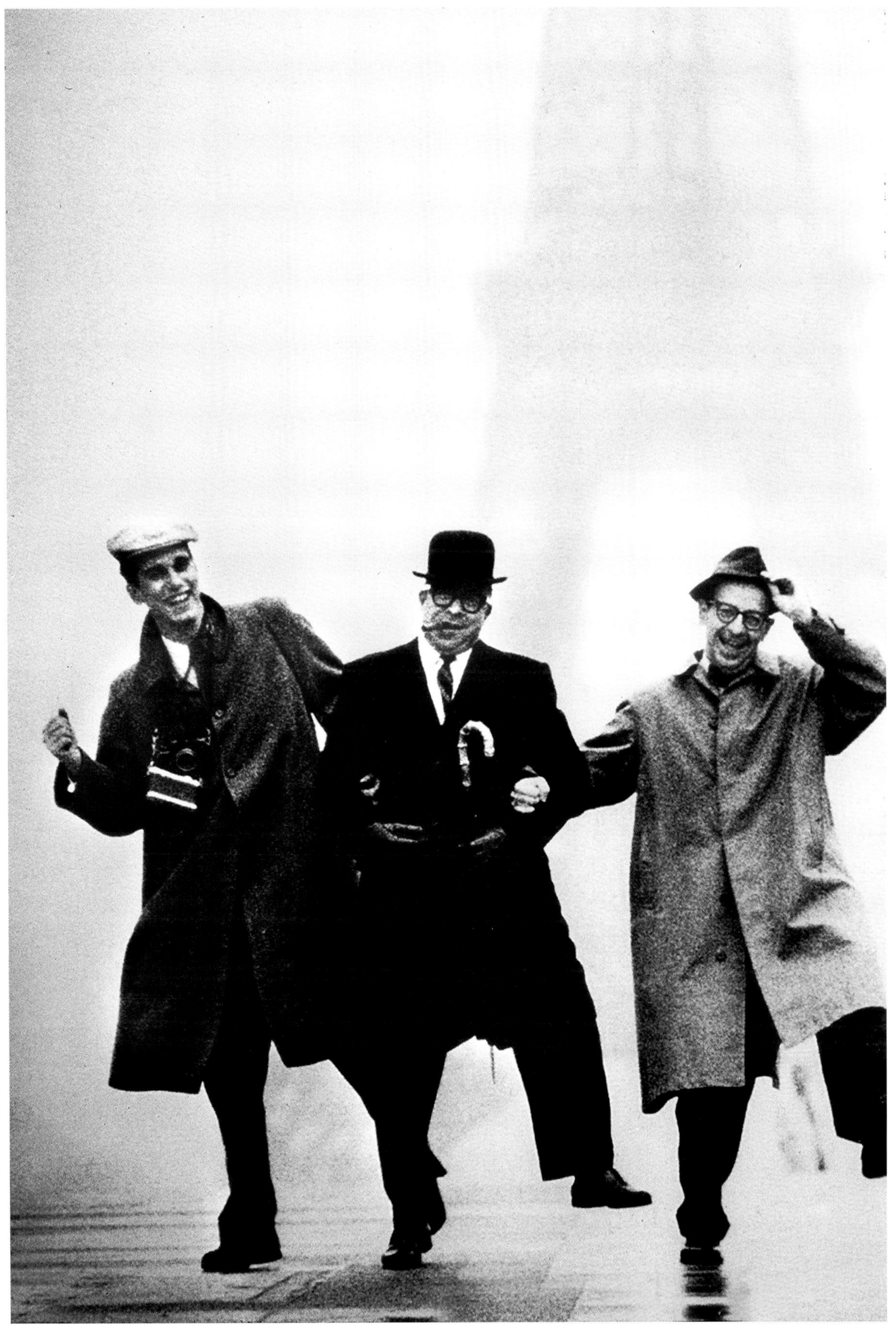

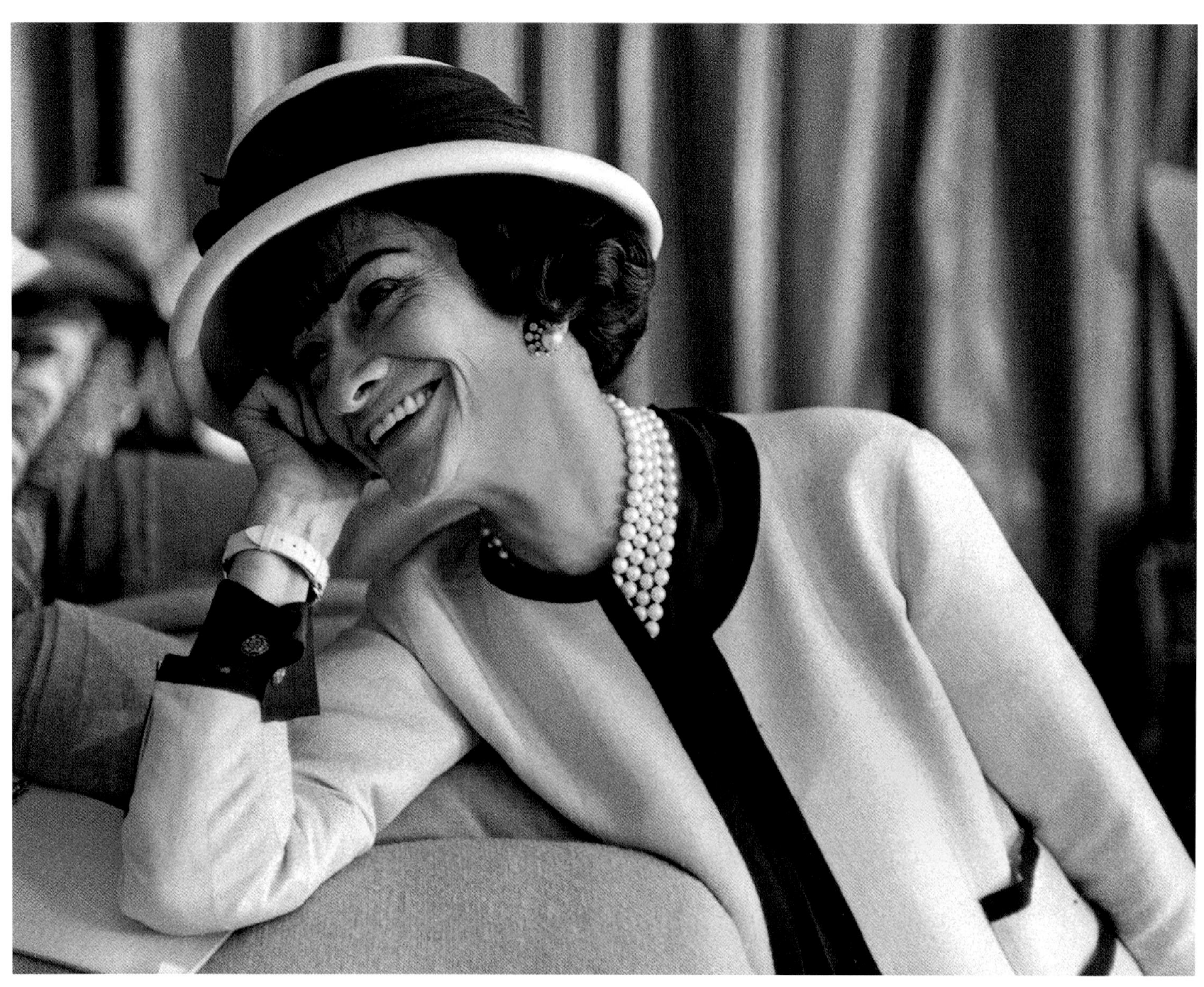

Coco Chanel, Paris, 1962
stampa giclée / archival pigment print
cm 50.80 x 60.96 ca. / inches 20 x 24 ca.

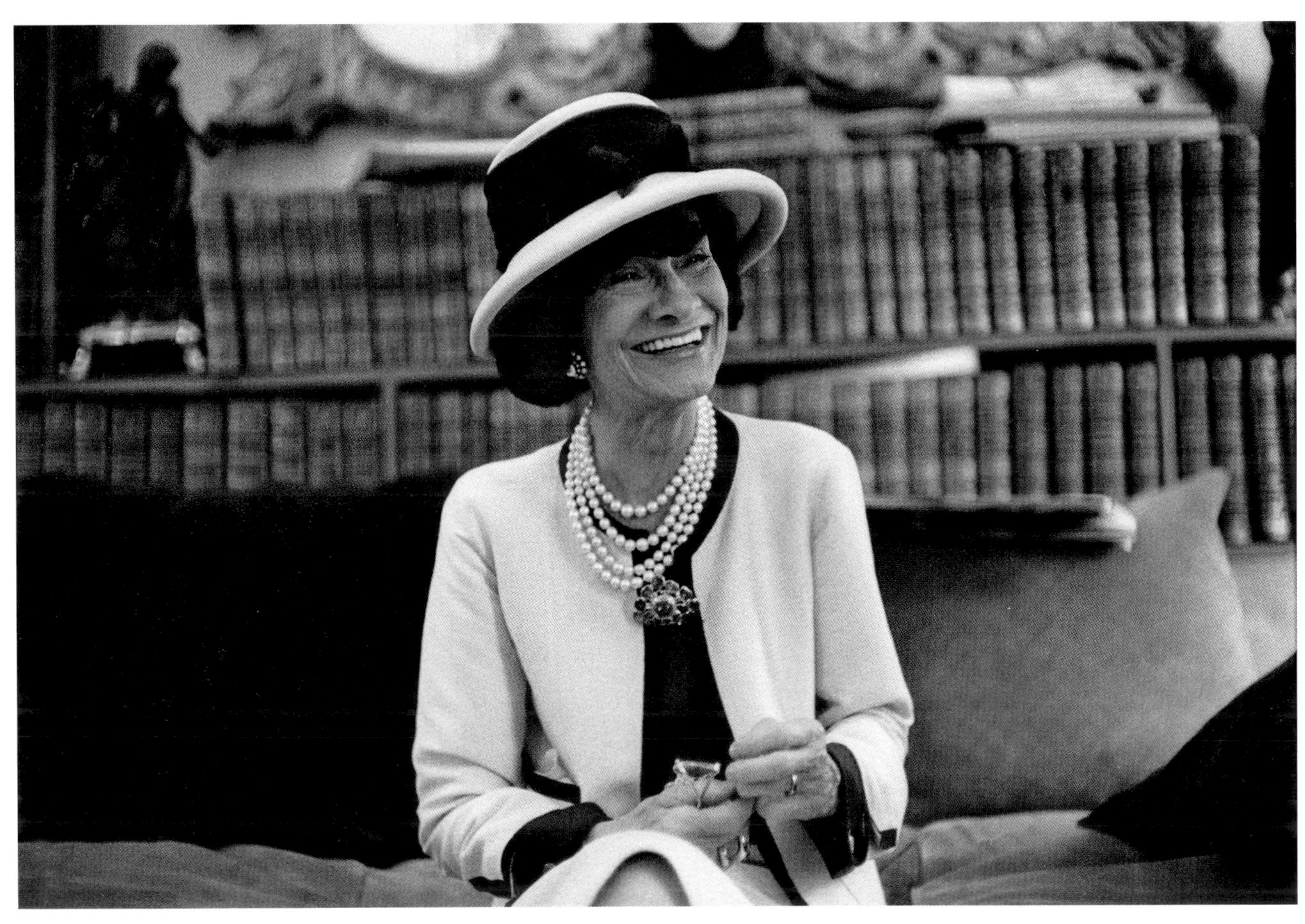

Coco Chanel, Paris, 1962
stampa giclée / archival pigment print
cm 50.80 x 60.96 ca. / inches 20 x 24 ca.

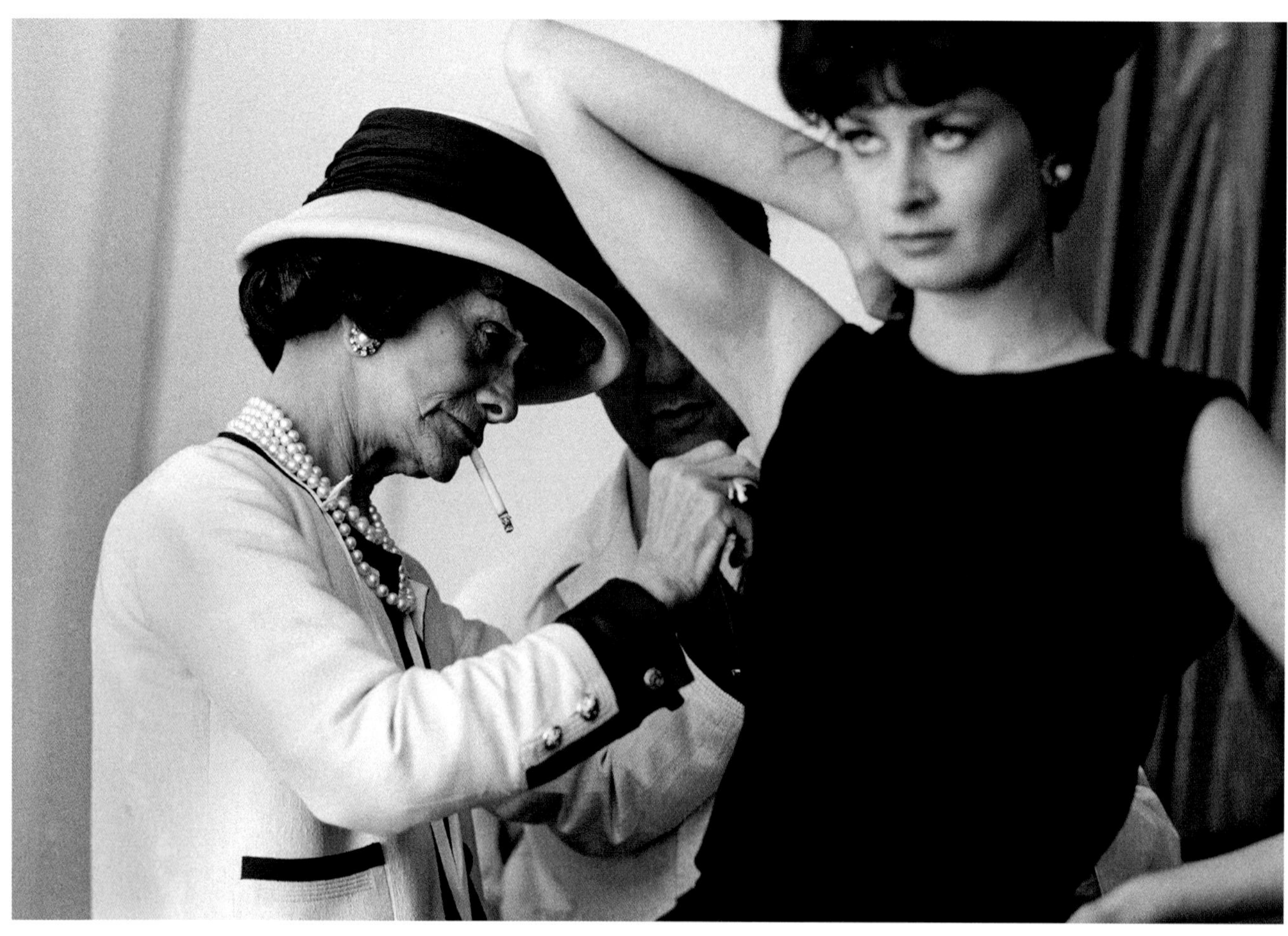

Coco Chanel, Paris, 1962
stampa giclée / archival pigment print
cm 50.80 x 60.96 ca. / inches 20 x 24 ca.

Coco Chanel - Frame Strip, Paris, 1962
stampa giclée / archival pigment print
cm 25.4 x 71.1 ca. / inches 10 x 28 ca.

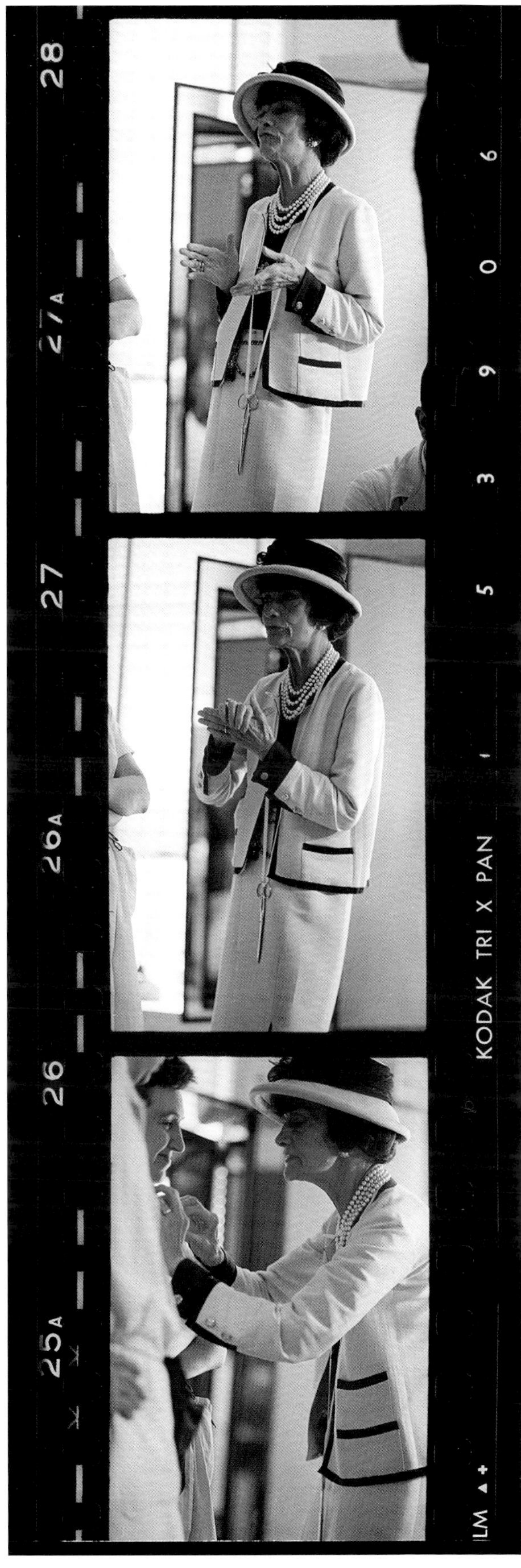
28
27A
27
26A
26
25A
KODAK TRI X PAN

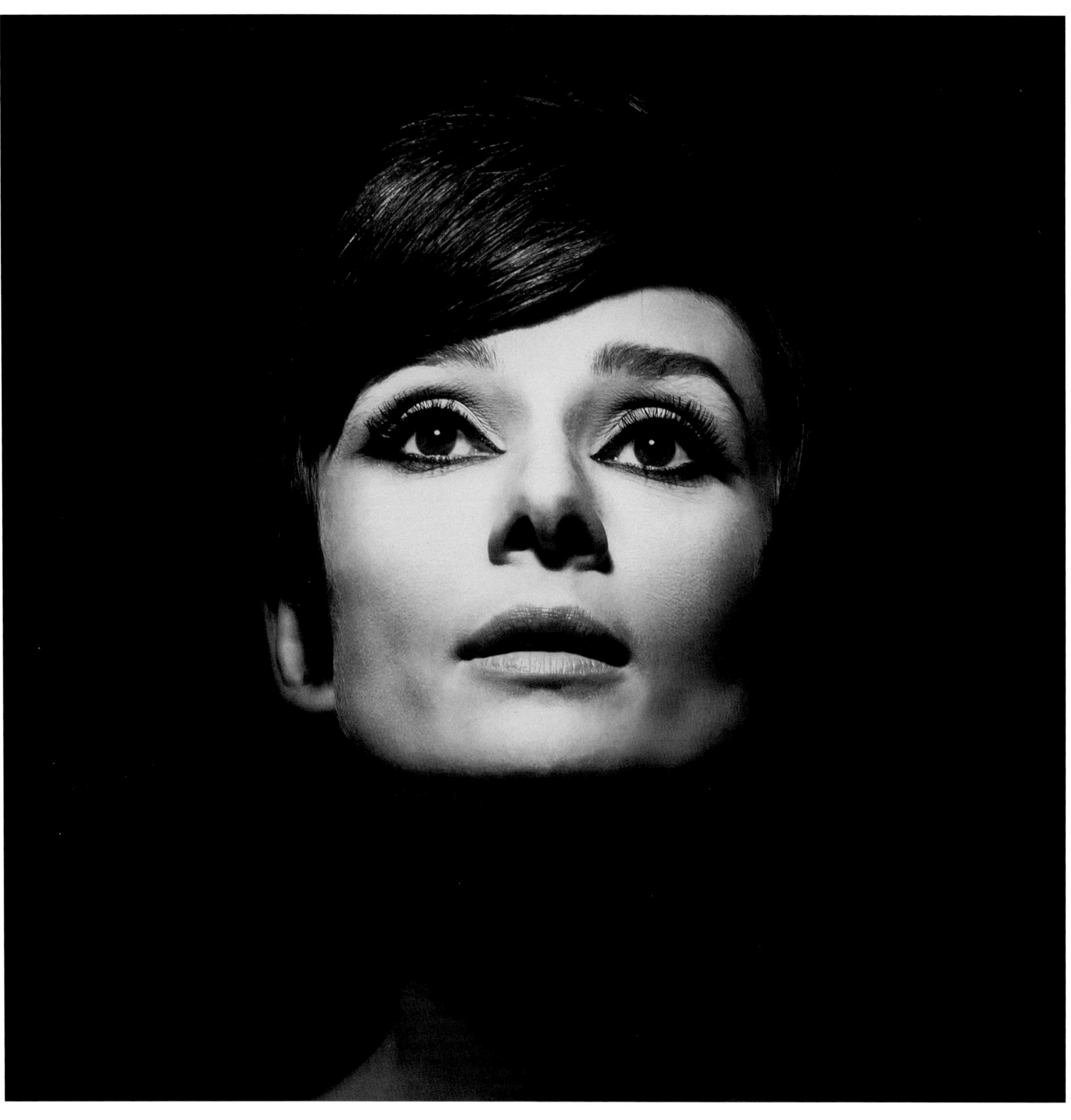

Audrey Hepburn, Paris, 1965
stampa giclée / archival pigment print
cm 45 x 45 ca. / inches 18 x 18 ca

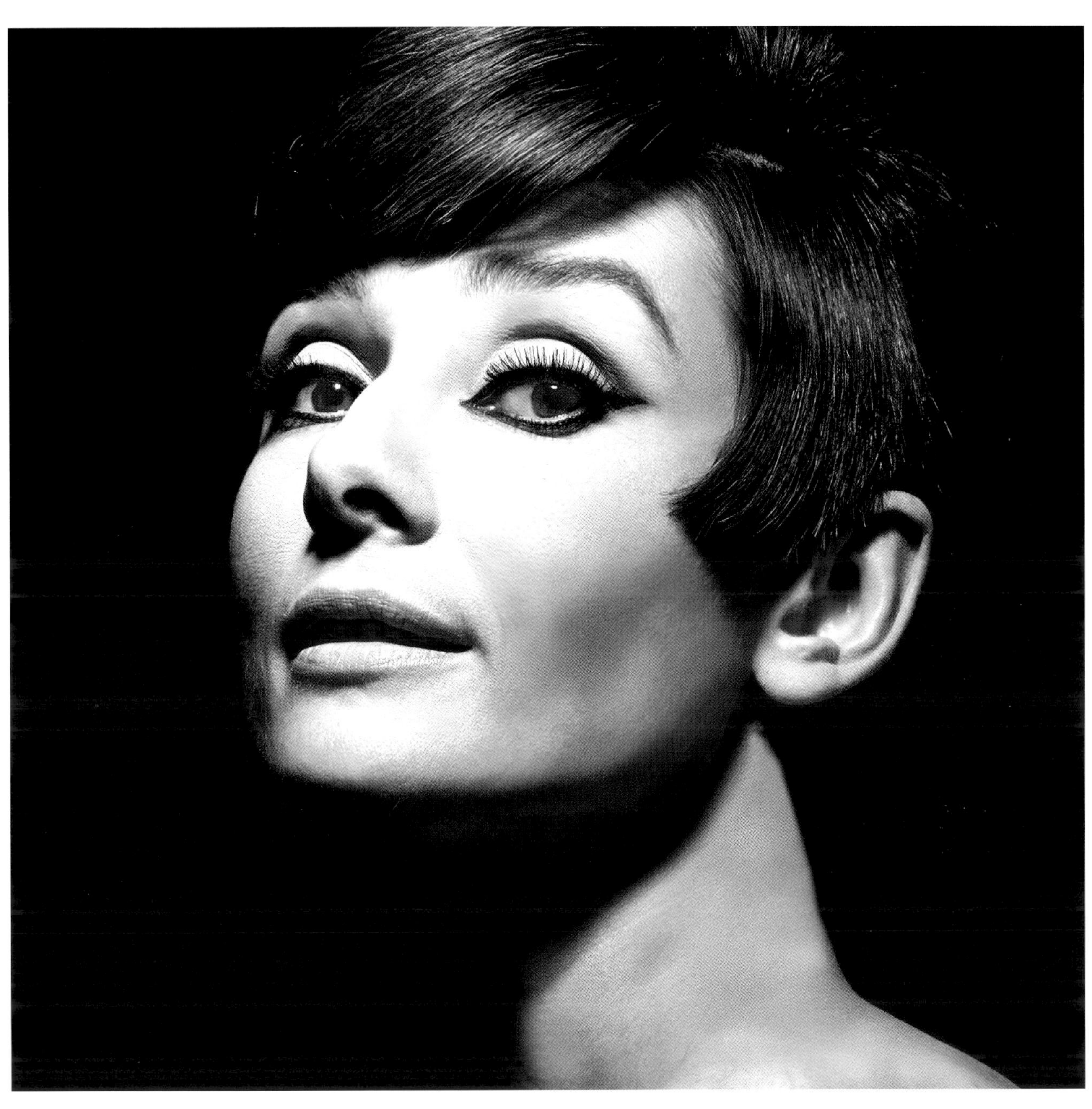

Audrey Hepburn, Paris, 1965
stampa giclée / archival pigment print
cm 101.60 x 101.60 ca. / inches 40 x 40 ca.

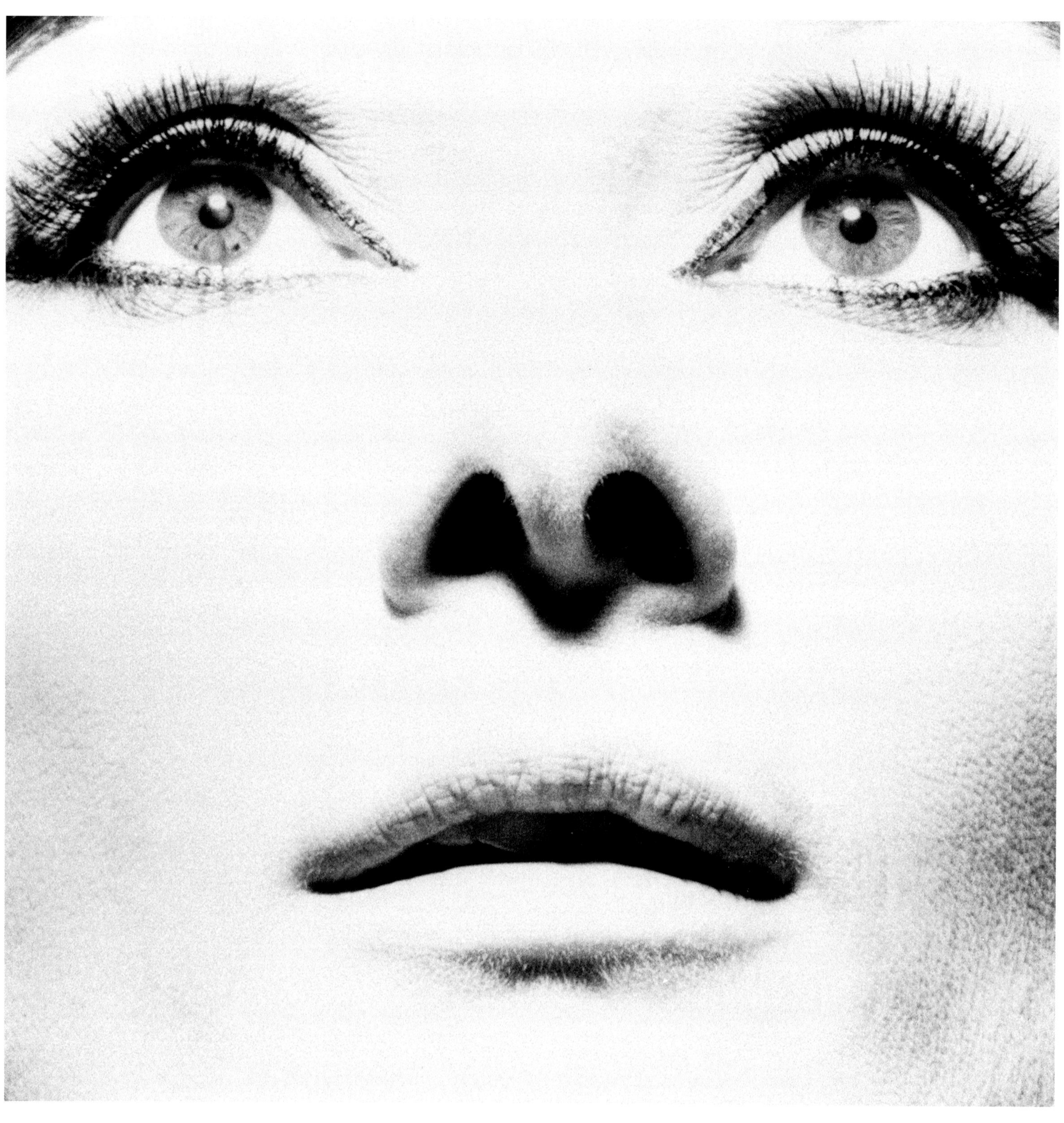

Audrey Hepburn, Paris, 1965
stampa giclée / archival pigment print
cm 101.6 x 101.6 ca. / inches 40 x 40 ca.

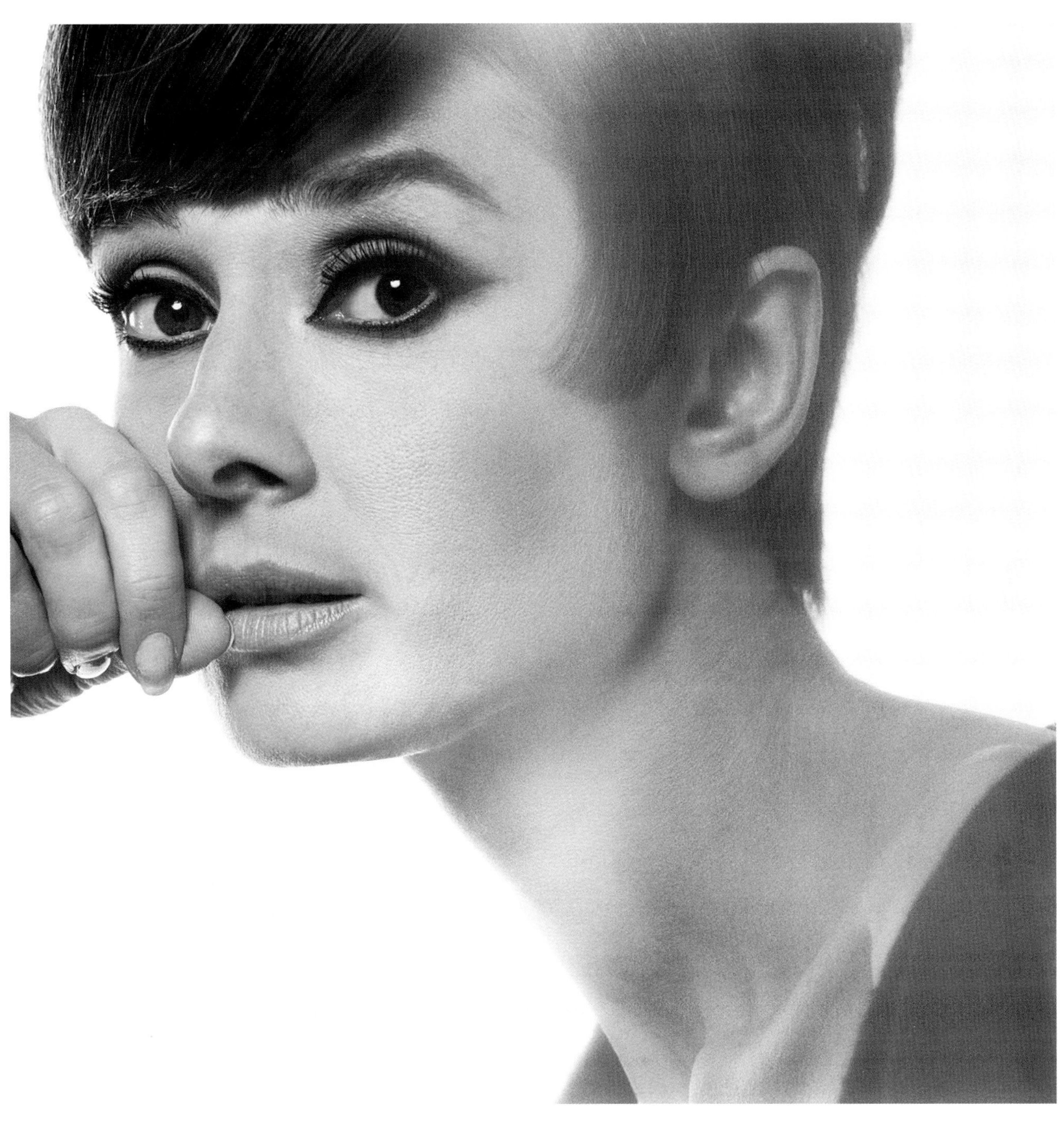

Audrey Hepburn, Paris, 1965
stampa giclée / archival pigment print
cm 101.6 x 101.6 ca. / inches 40 x 40 ca.

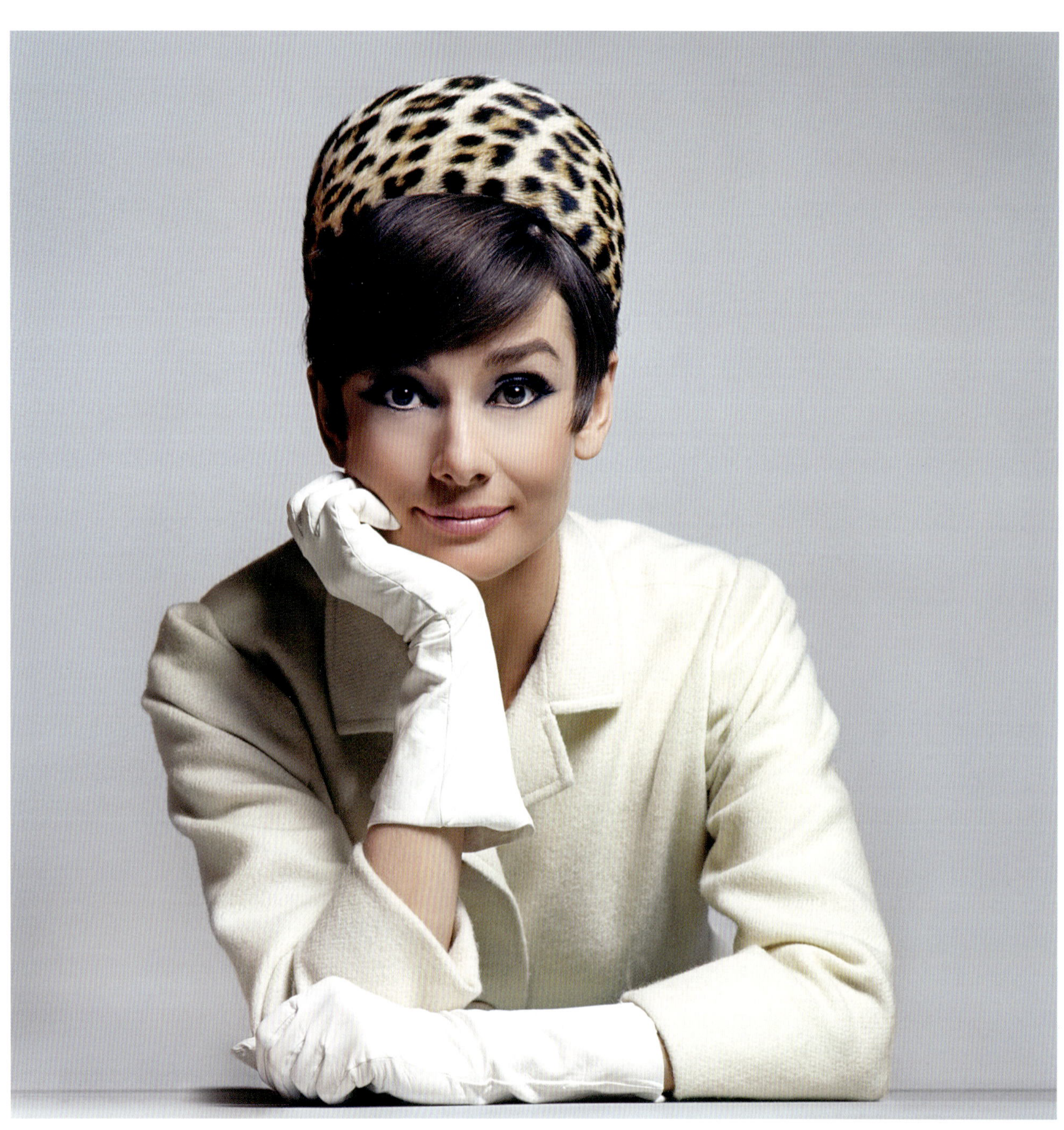

Audrey Hepburn, 1965
stampa giclée / archival pigment print
cm 101.60 x 101.60 ca. / inches 40 x 40 ca.

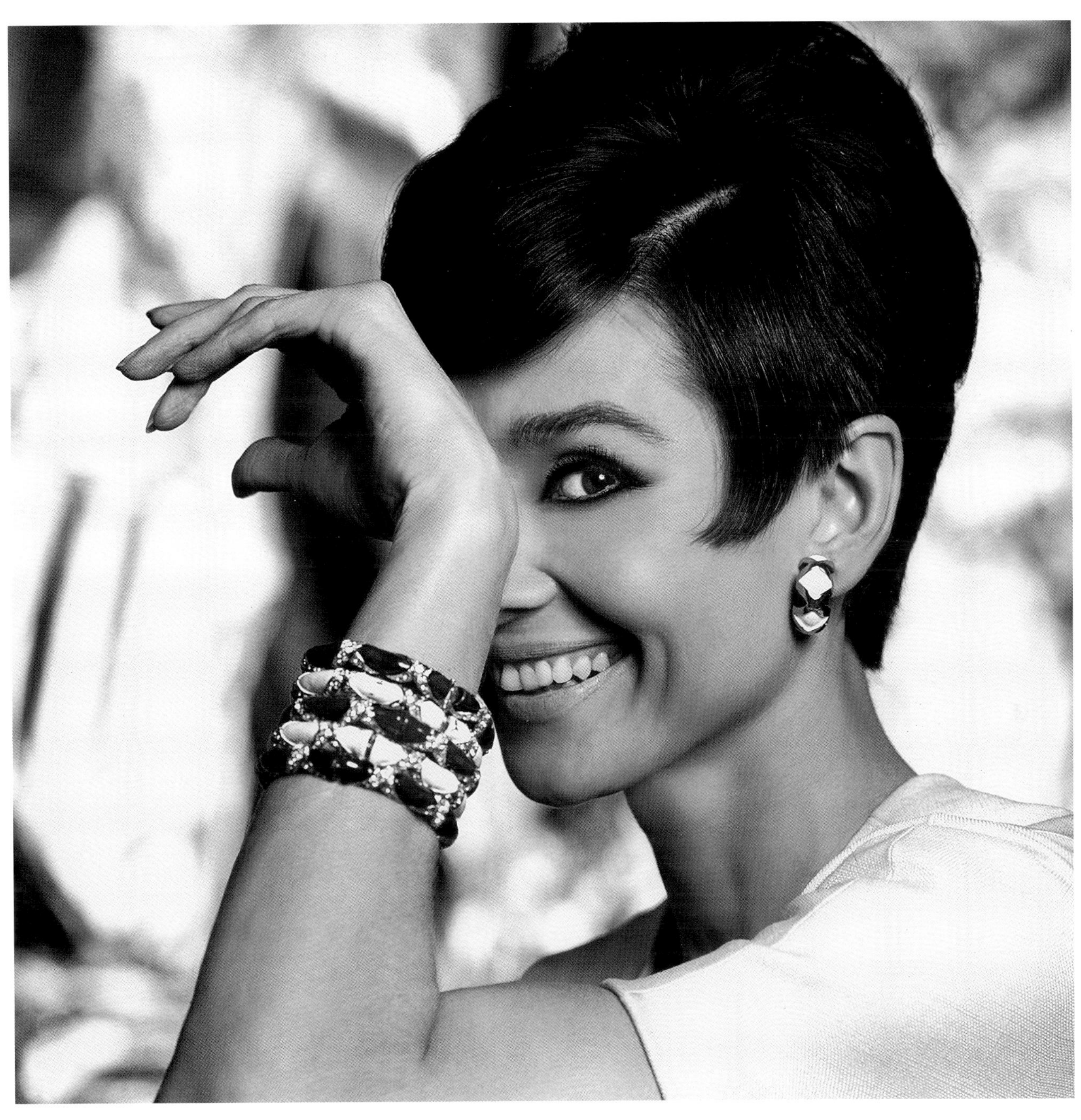

Audrey Hepburn, Paris, 1965
stampa giclée / archival pigment print
cm 101.6 x 101.6 ca. / inches 40 x 40 ca.

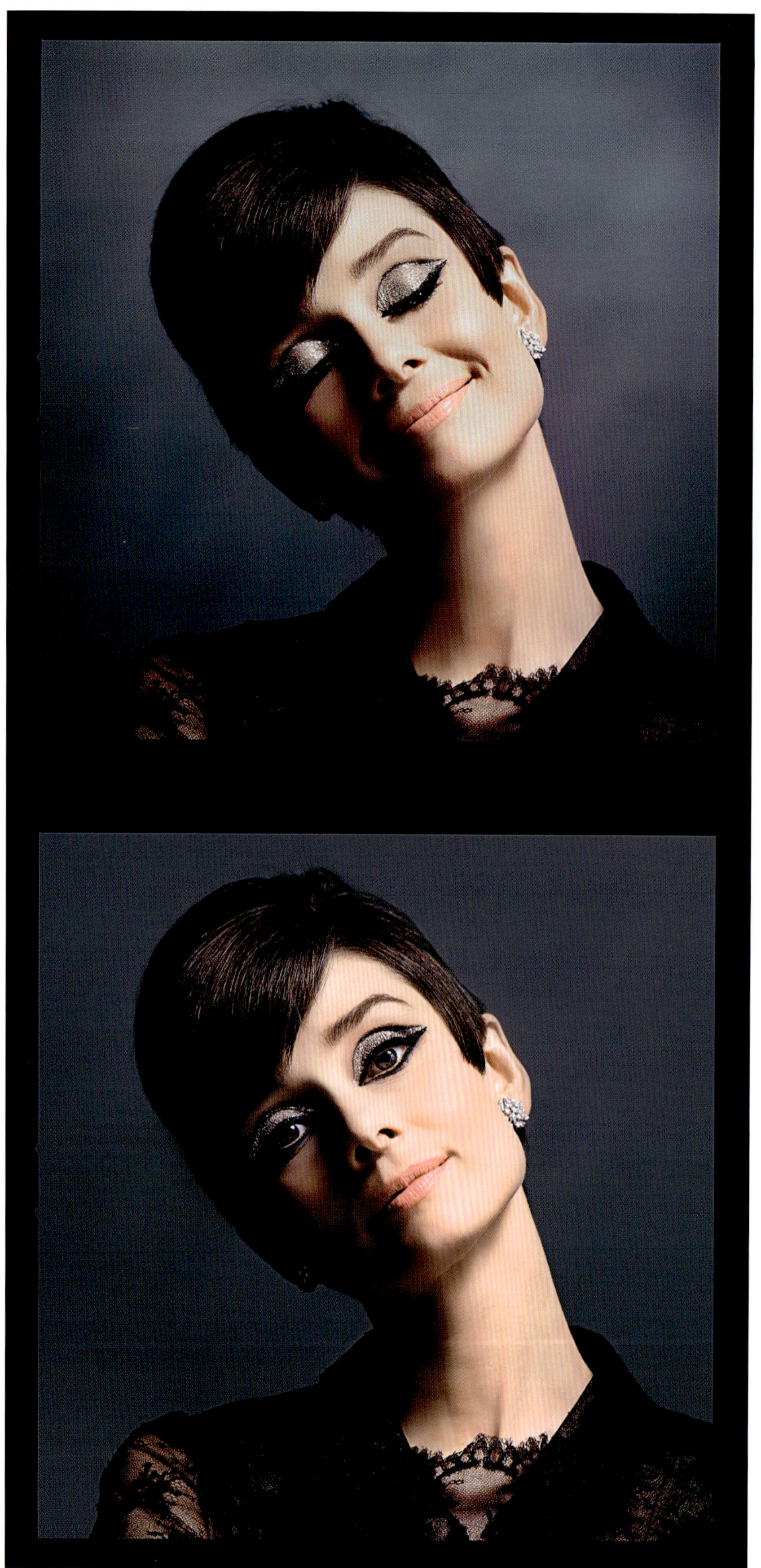

Audrey Hepburn, Paris, 1965
stampa giclée / archival pigment print
cm 63.50 x 127 ca. / inches 25 x 50 ca.

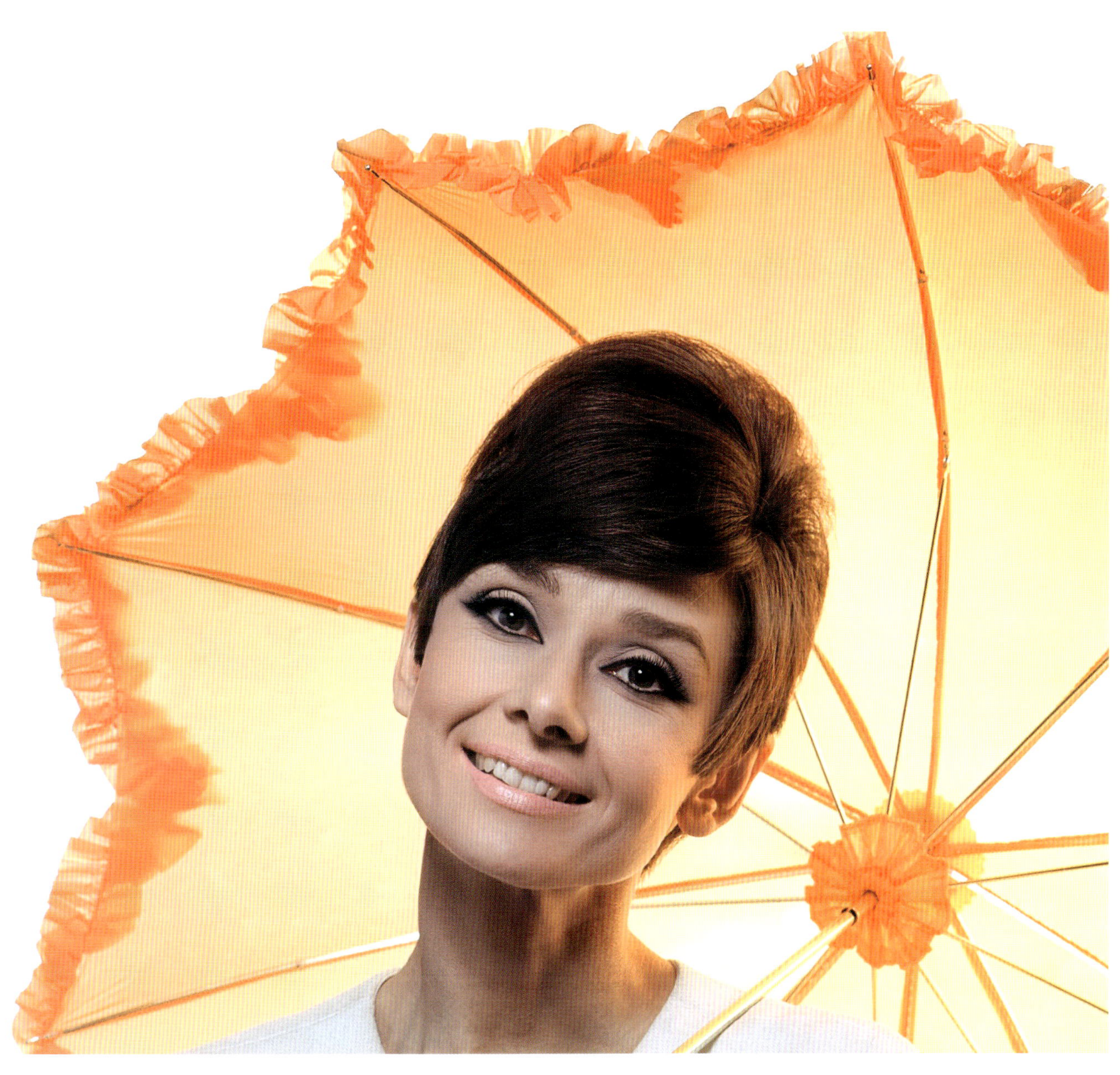

Audrey Hepburn, Paris, 1965
stampa giclée / archival pigment print
cm 76.2 x 101.6 ca. / inches 30 x 40 ca.

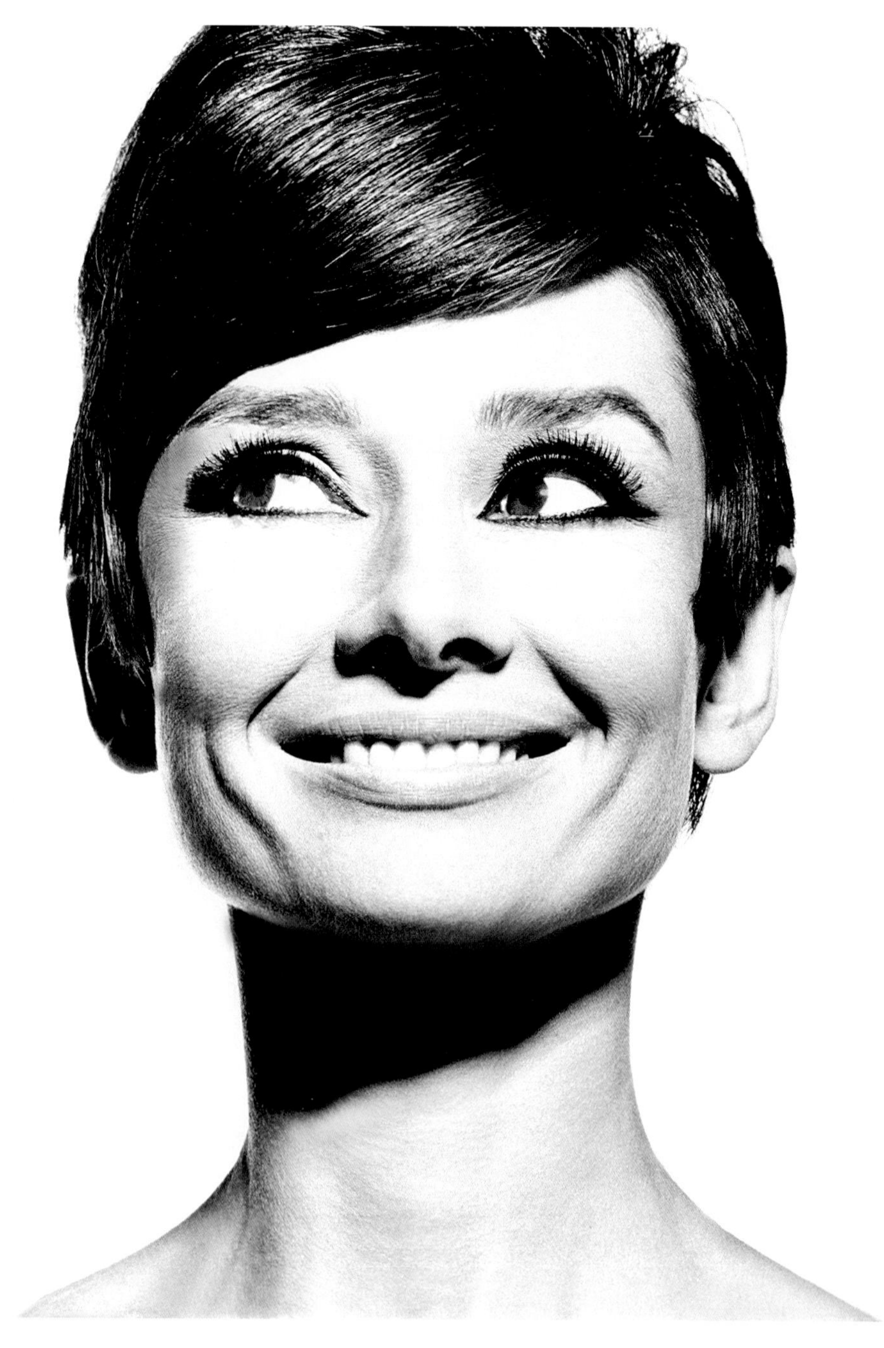

Audrey Hepburn, 1965
stampa giclée / archival pigment print
cm 76 x 101.60 ca. / inches 30 x 40 ca.

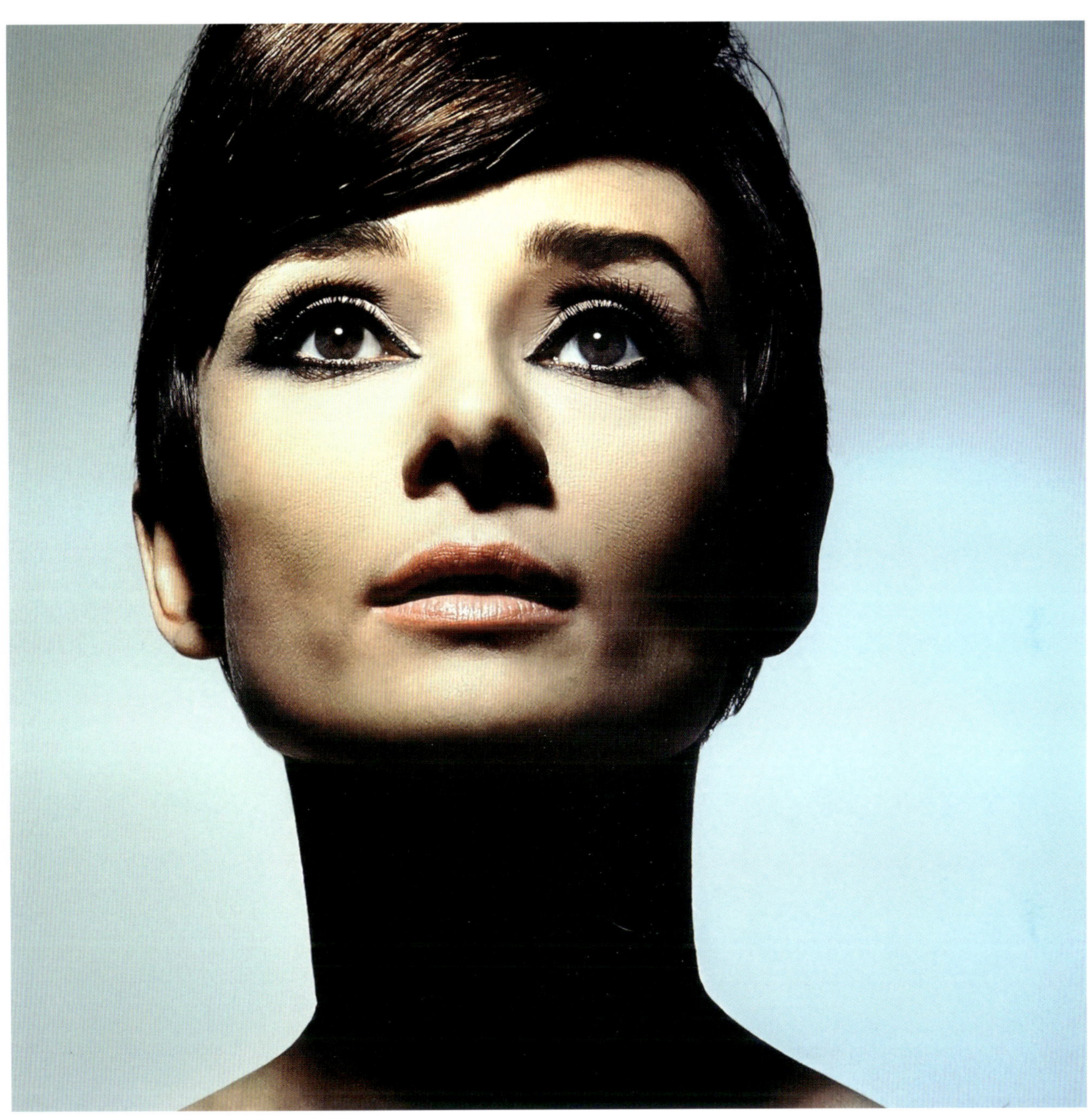

Audrey Hepburn, Paris, 1965
stampa giclée / archival pigment print
cm 45 x 45 ca. / inches 18 x 18 ca.

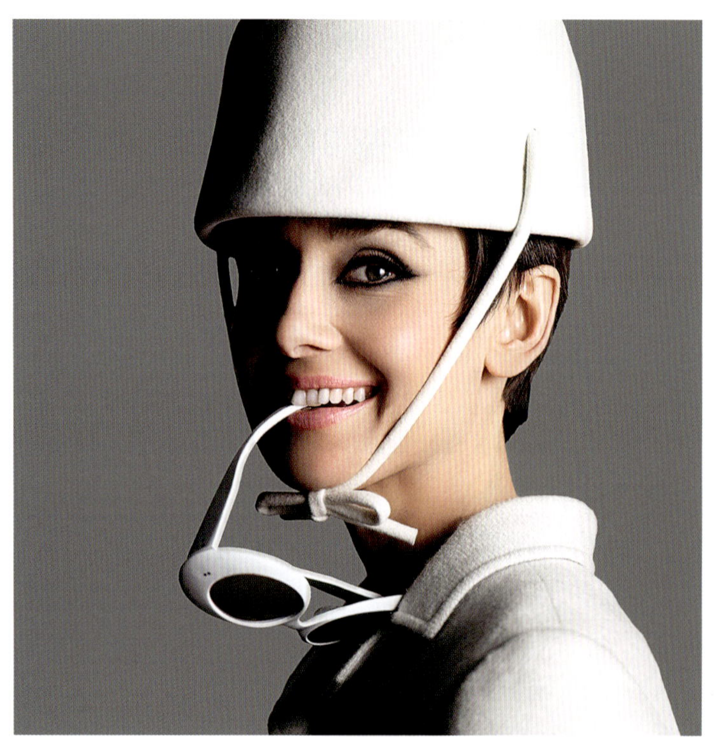

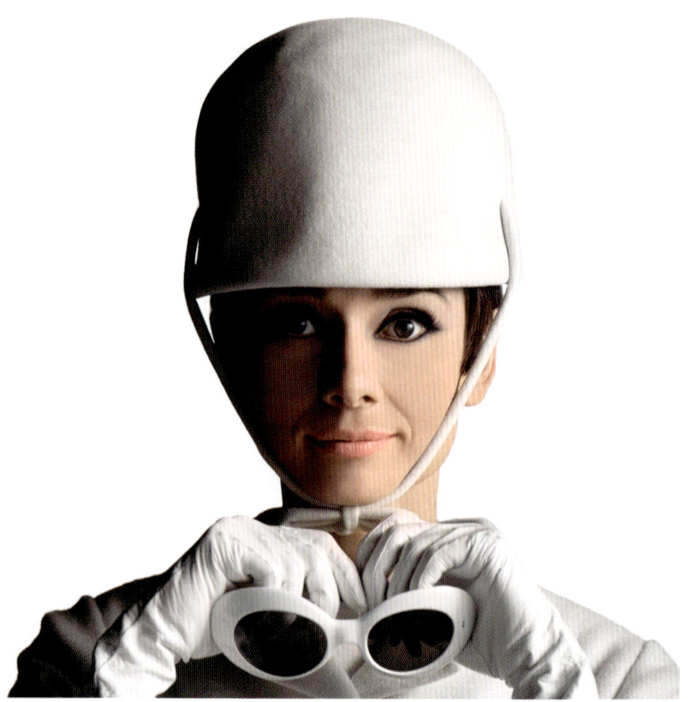

Audrey Hepburn, Paris, 1965
stampa giclée / archival pigment print
cm 60.96 x 60.96 ca. / inches 24 x 24 ca.

Audrey Hepburn, Paris, 1965
stampa giclée / archival pigment print
cm 60.96 x 60.96 ca. / inches 24 x 24 ca.

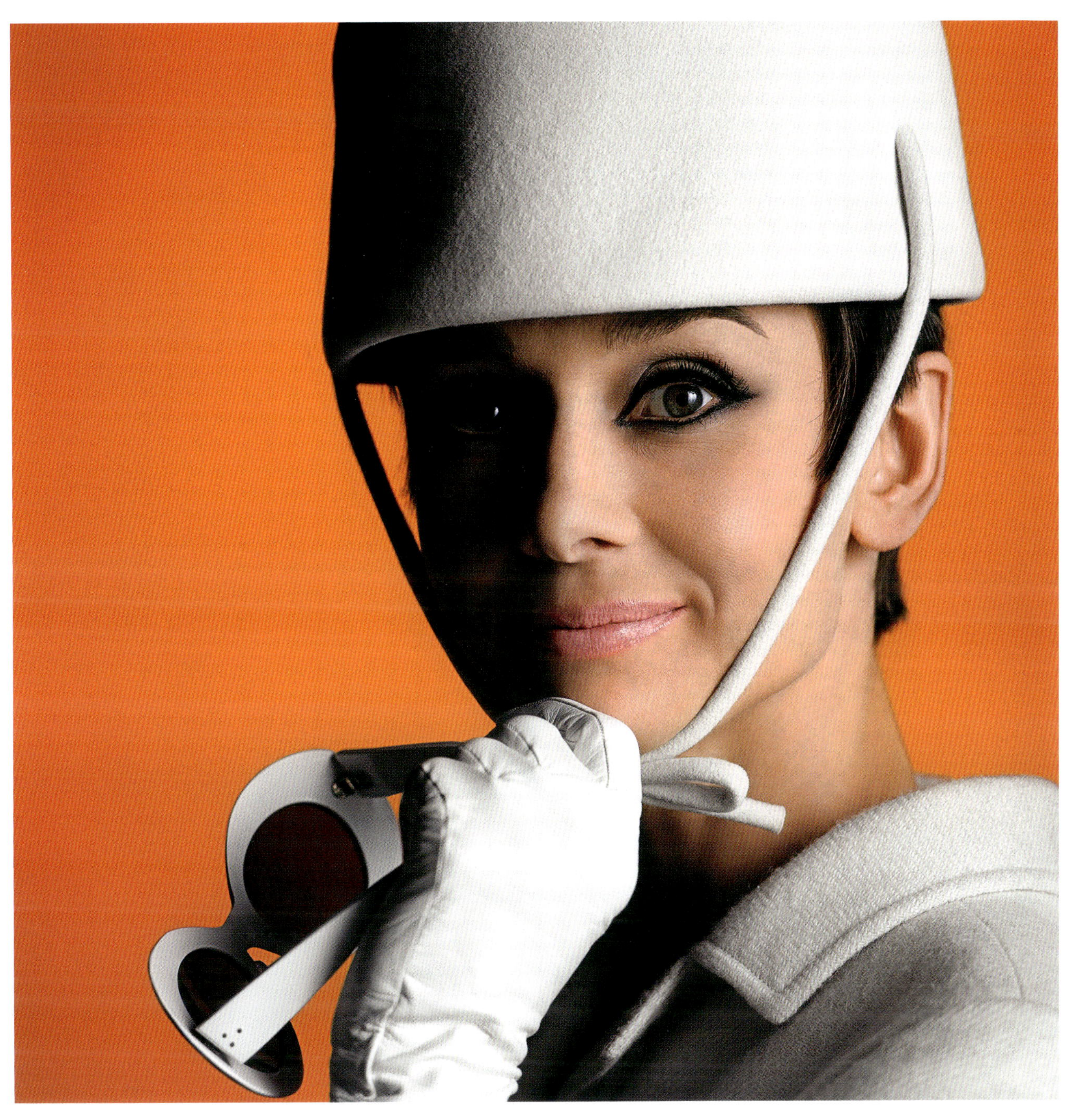

Audrey Hepburn, Paris, 1965
stampa giclée / archival pigment print
cm 101.6 x 101.6 ca. / inches 40 x 40 ca.

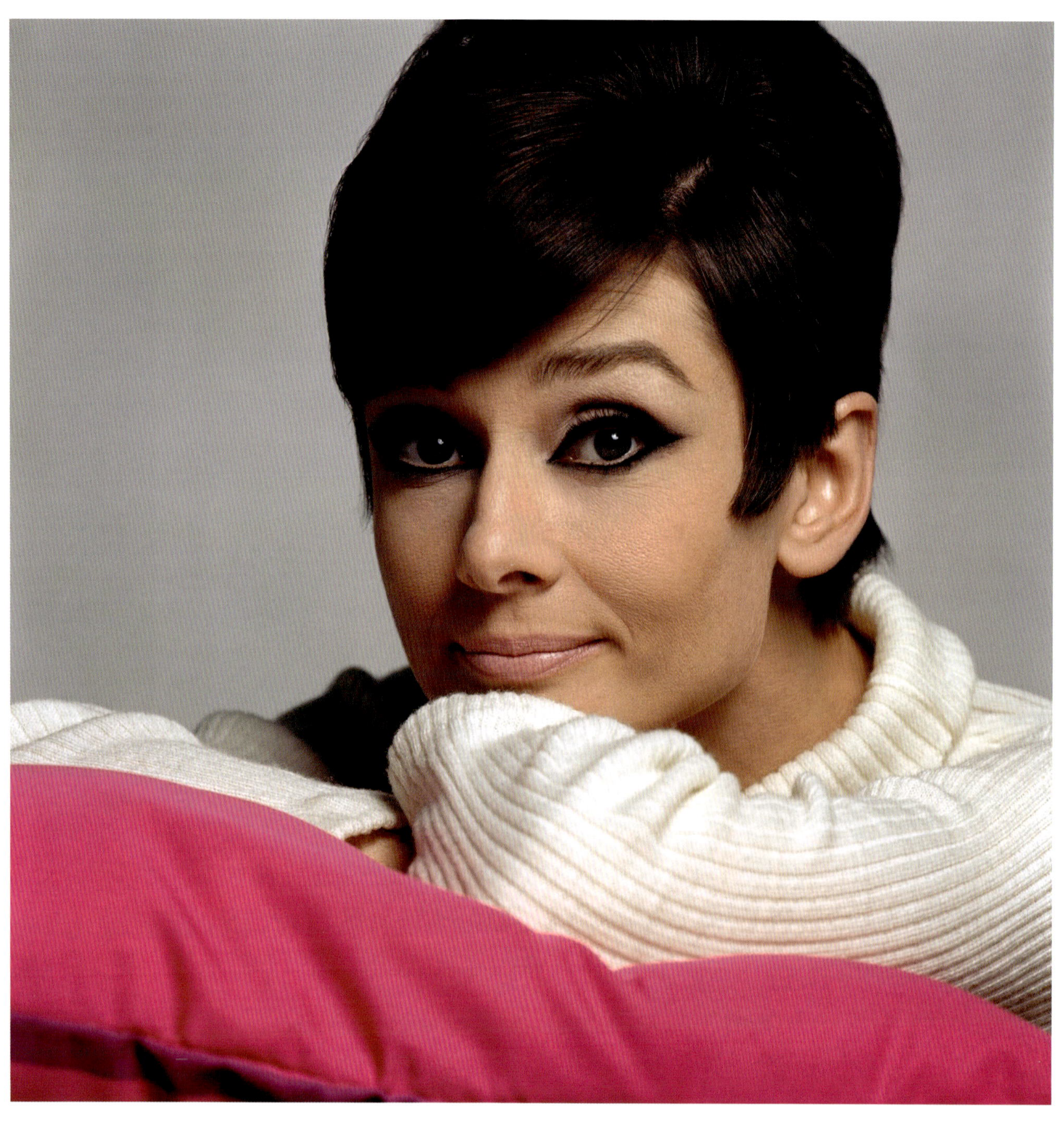

Audrey Hepburn, Paris, 1965
stampa giclée / archival pigment print
cm 76.2 x 101.6 ca. / inches 30 x 40 ca.

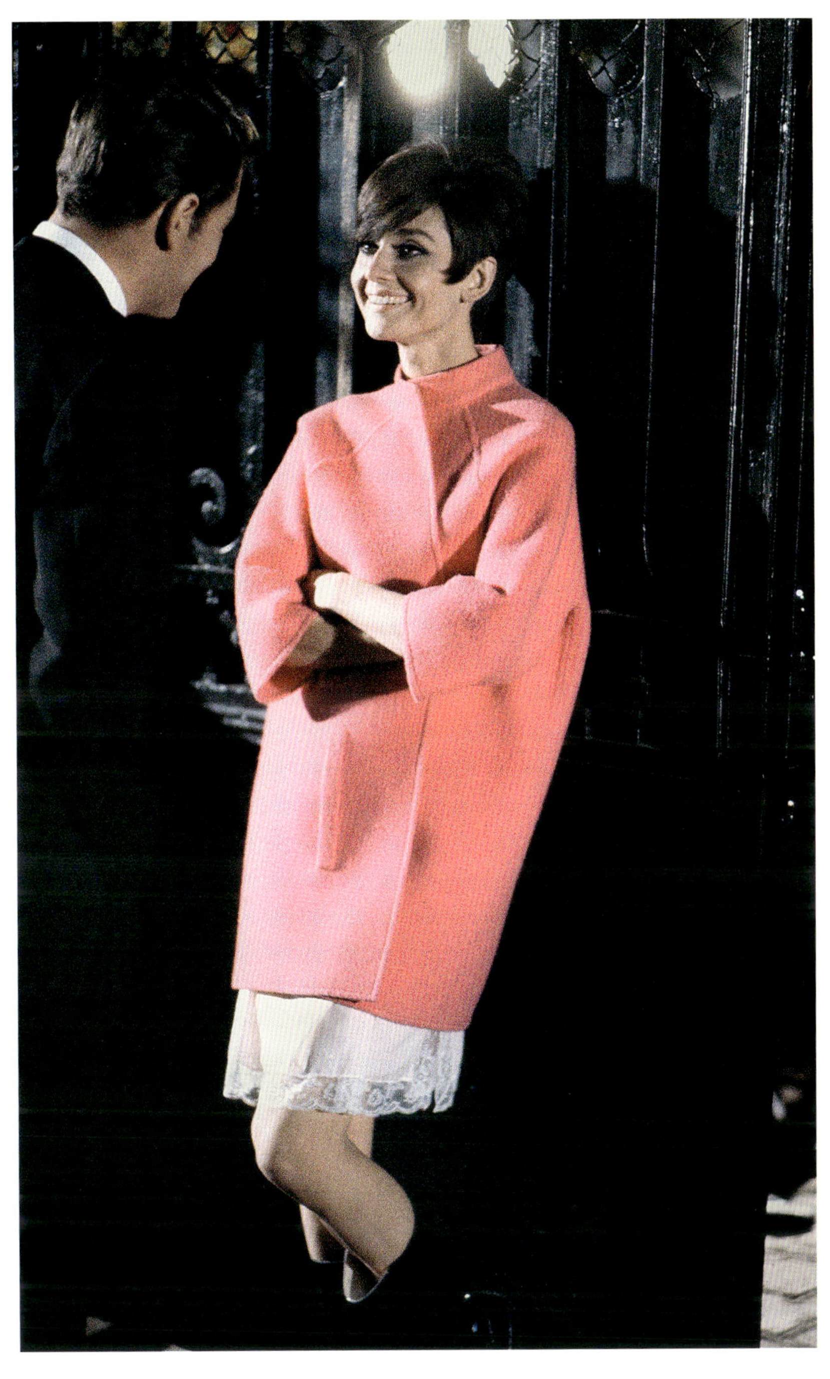

Audrey Hepburn and Peter O'Toole in How to Steal a Million, Paris, 1965
stampa giclée / archival pigment print
cm 76.2 x 101.60 ca. / inches 30 x 40 ca.

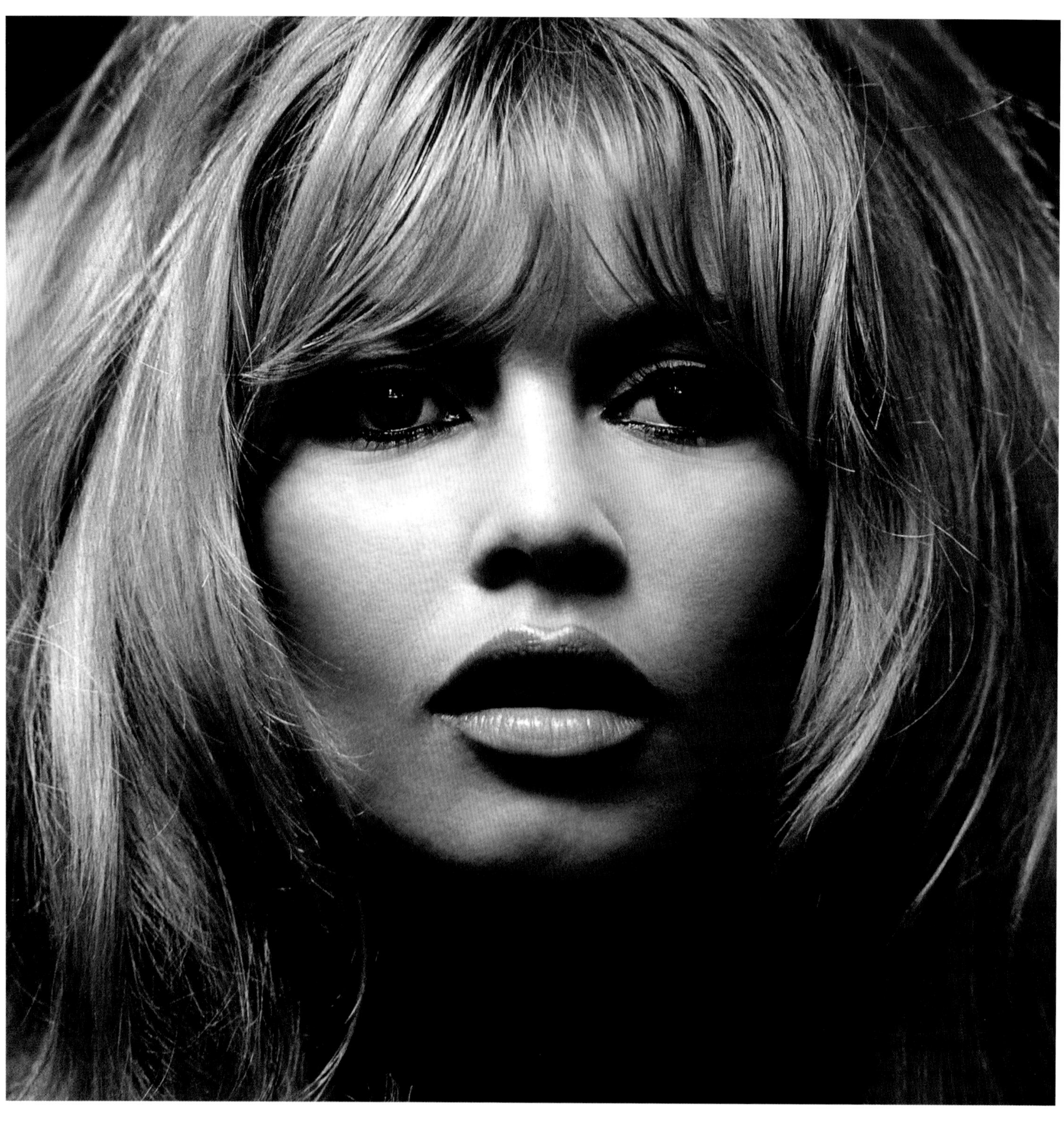

Brigitte Bardot, 1967
stampa giclée / archival pigment print
cm 101.60 x 101.60 ca. / inches 40 x 40 ca.

Brigitte Bardot, Mexico, 1965
stampa giclée / archival pigment print
cm 50.8 x 60.96 ca. / inches 20 x 24 ca.

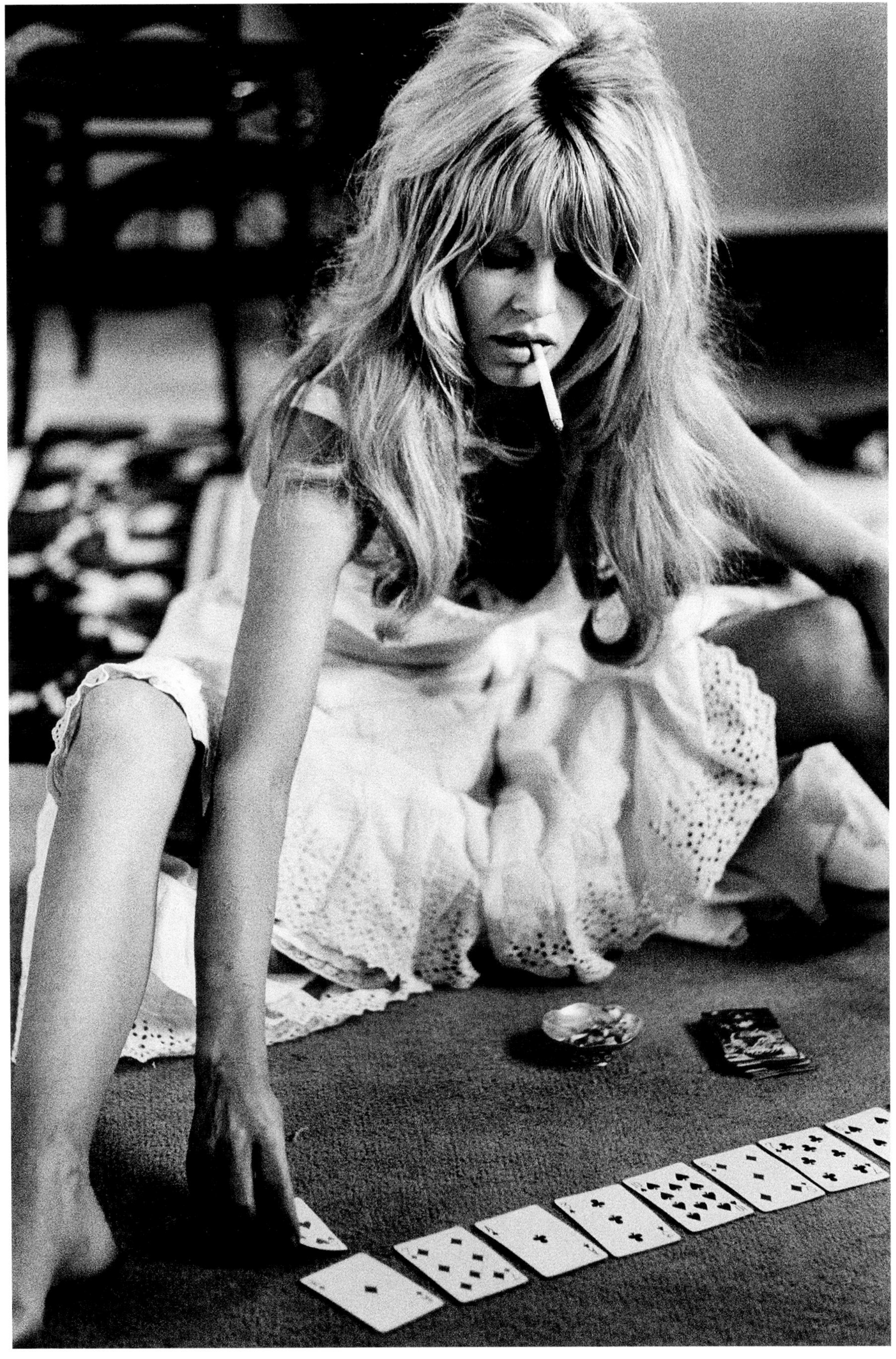

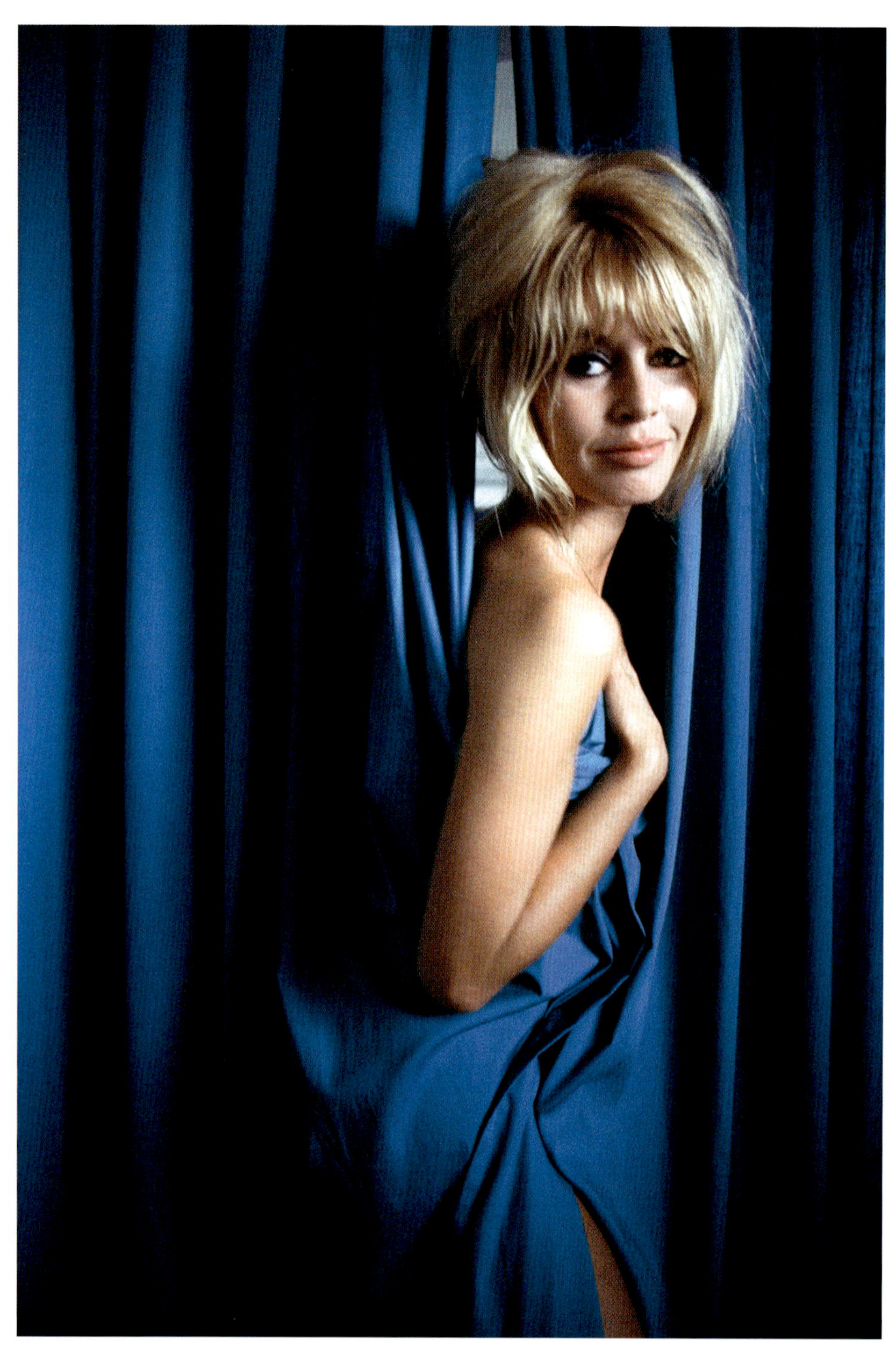

Brigitte Bardot, Mexico, 1965
stampa giclée / archival pigment print
cm 76.2 x 101.6 ca. / inches 30 x 40 ca.

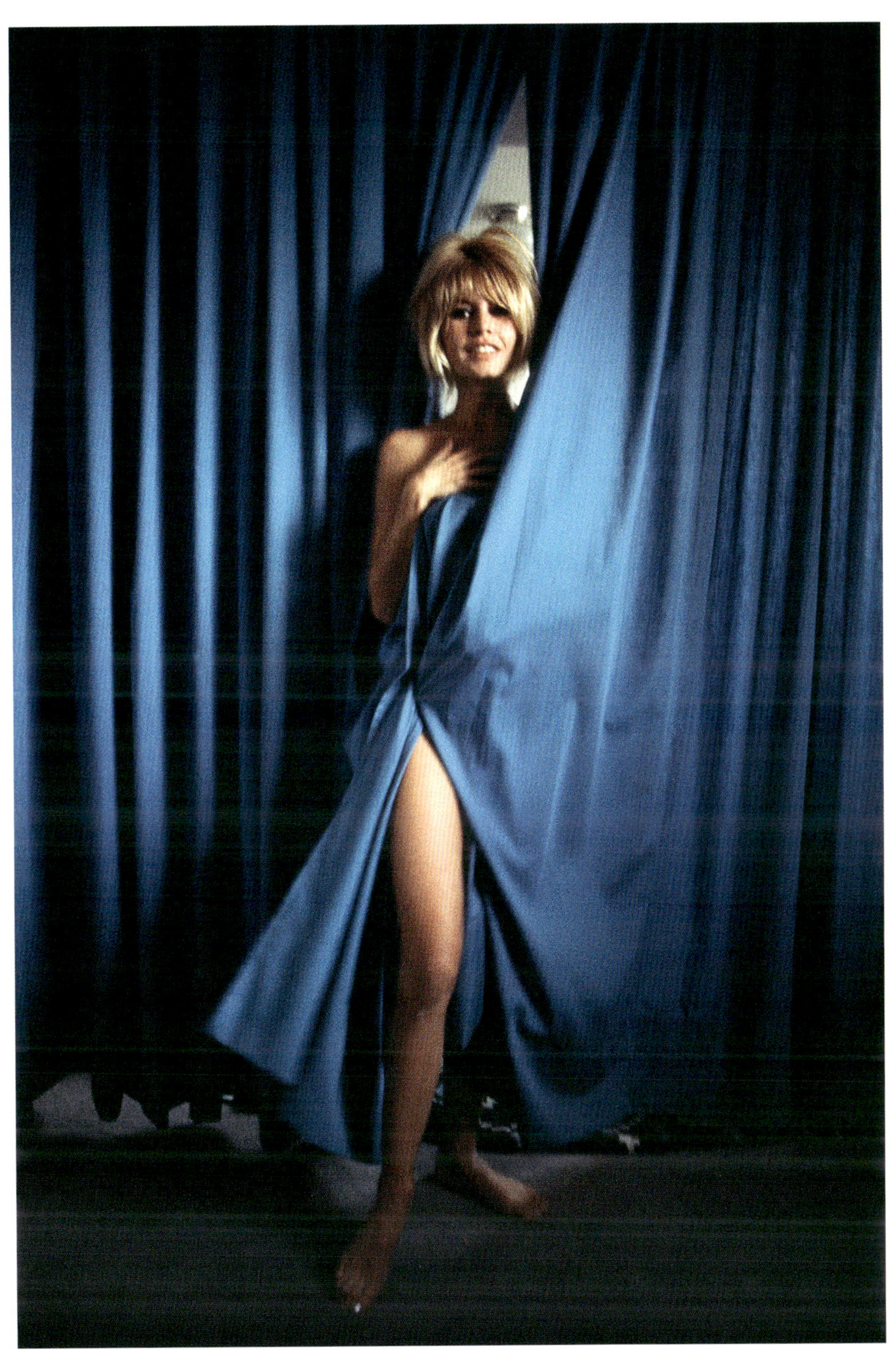

Brigitte Bardot, Mexico, 1965
stampa giclée / archival pigment print
cm 76.2 x 101.6 ca. / inches 30 x 40 ca.

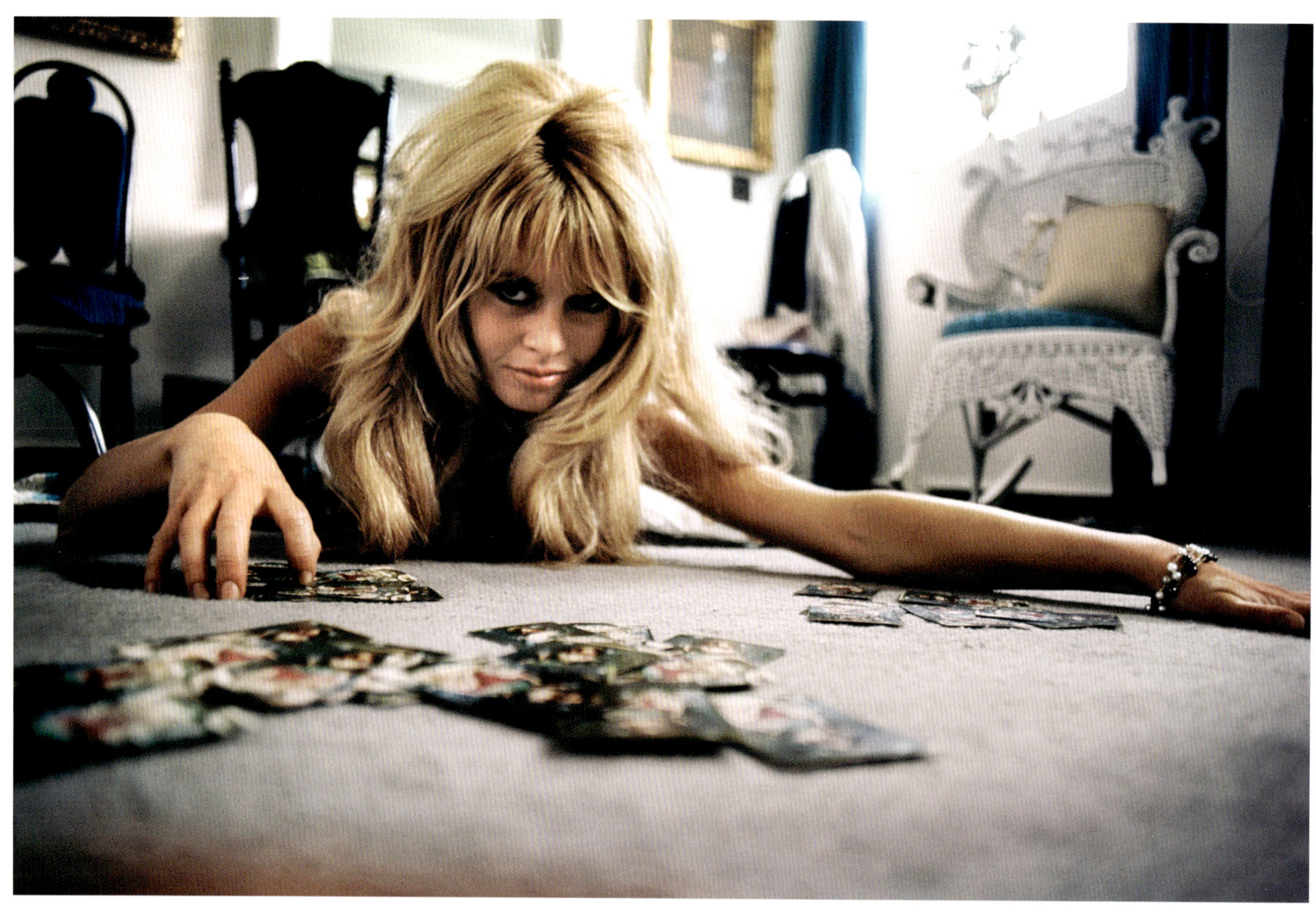

Brigitte Bardot, Mexico, 1965
stampa giclée / archival pigment print
cm 50.8 x 60.96 ca. / inches 20 x 24 ca.

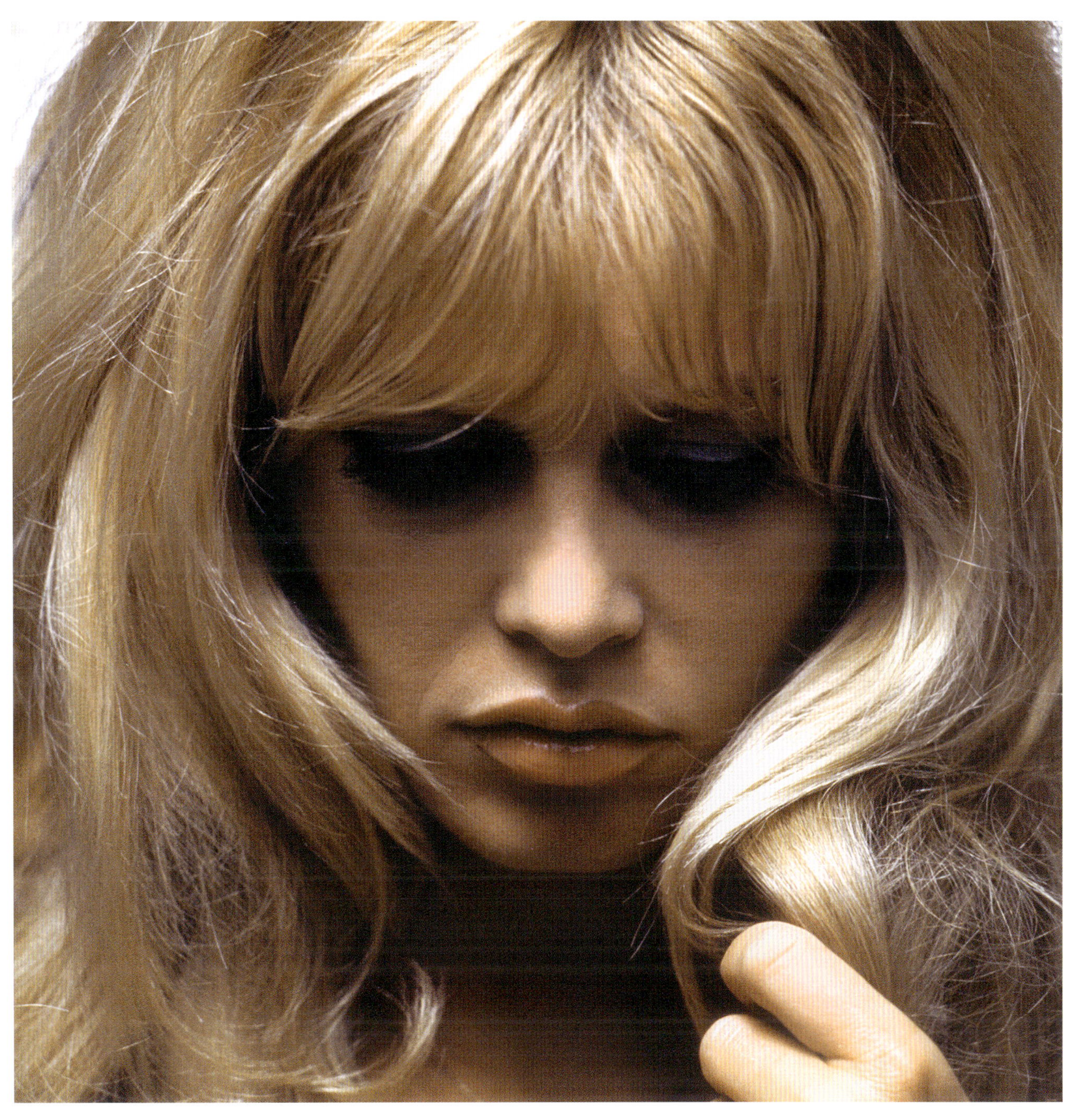

Brigitte Bardot, 1967
stampa giclée / archival pigment print
cm 60.96 x 60.96 ca. / inches 24 x 24 ca.

Toni Sotres and Olgamar de Perusquia,1965
stampa giclée / archival pigment print,
cm 76.2 x 101.60 ca. / inches 30 x 40 ca.

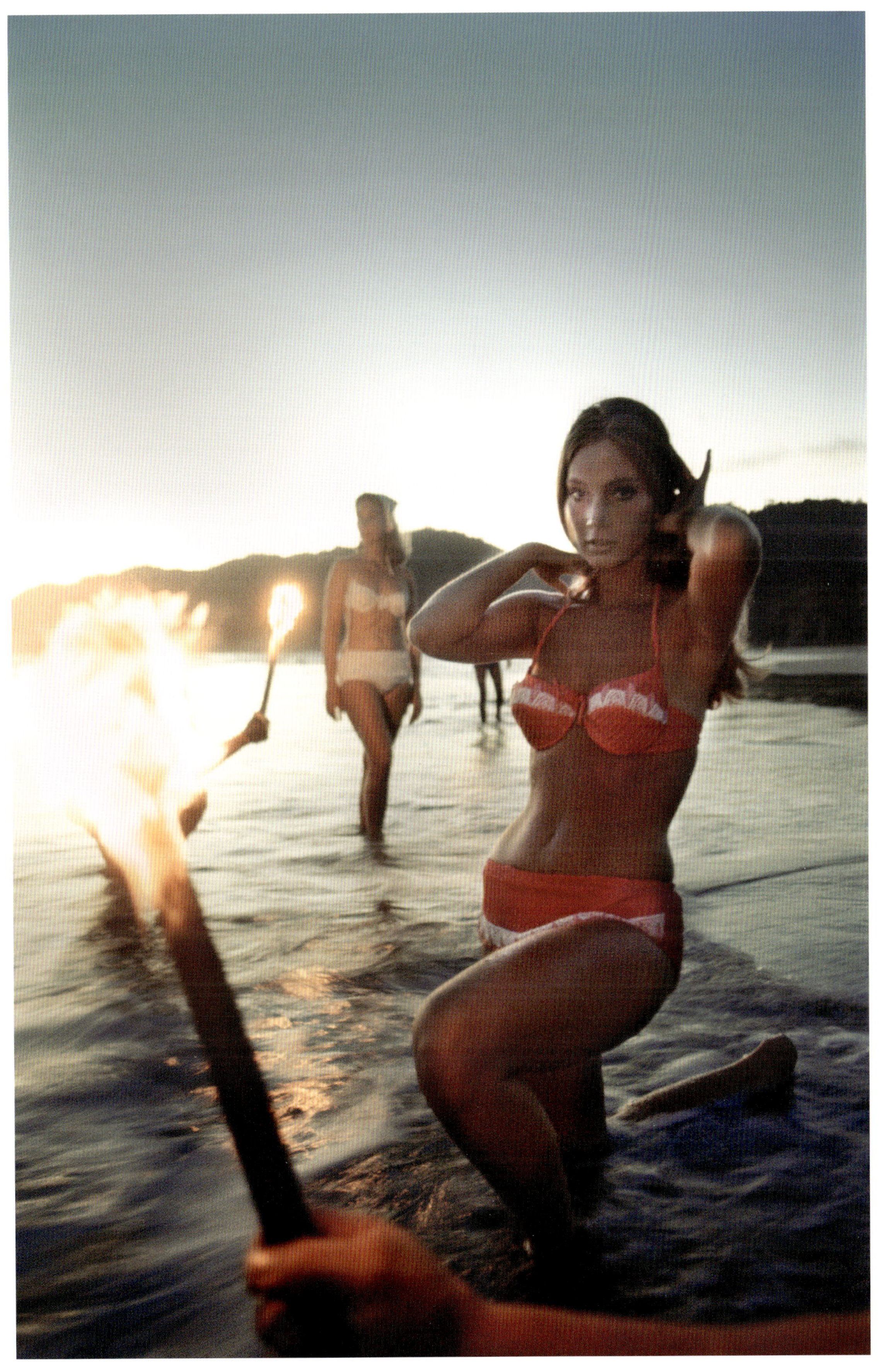

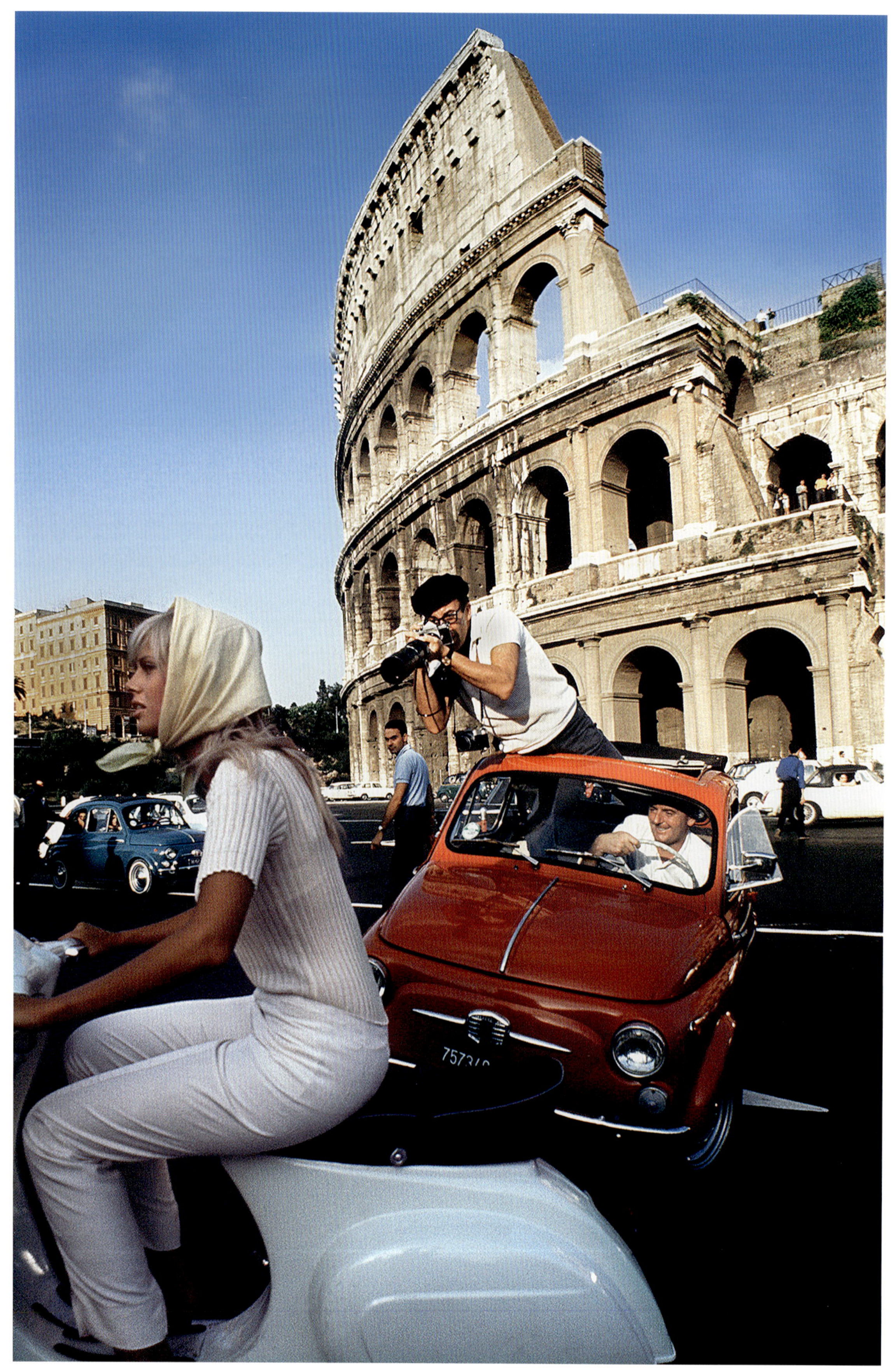

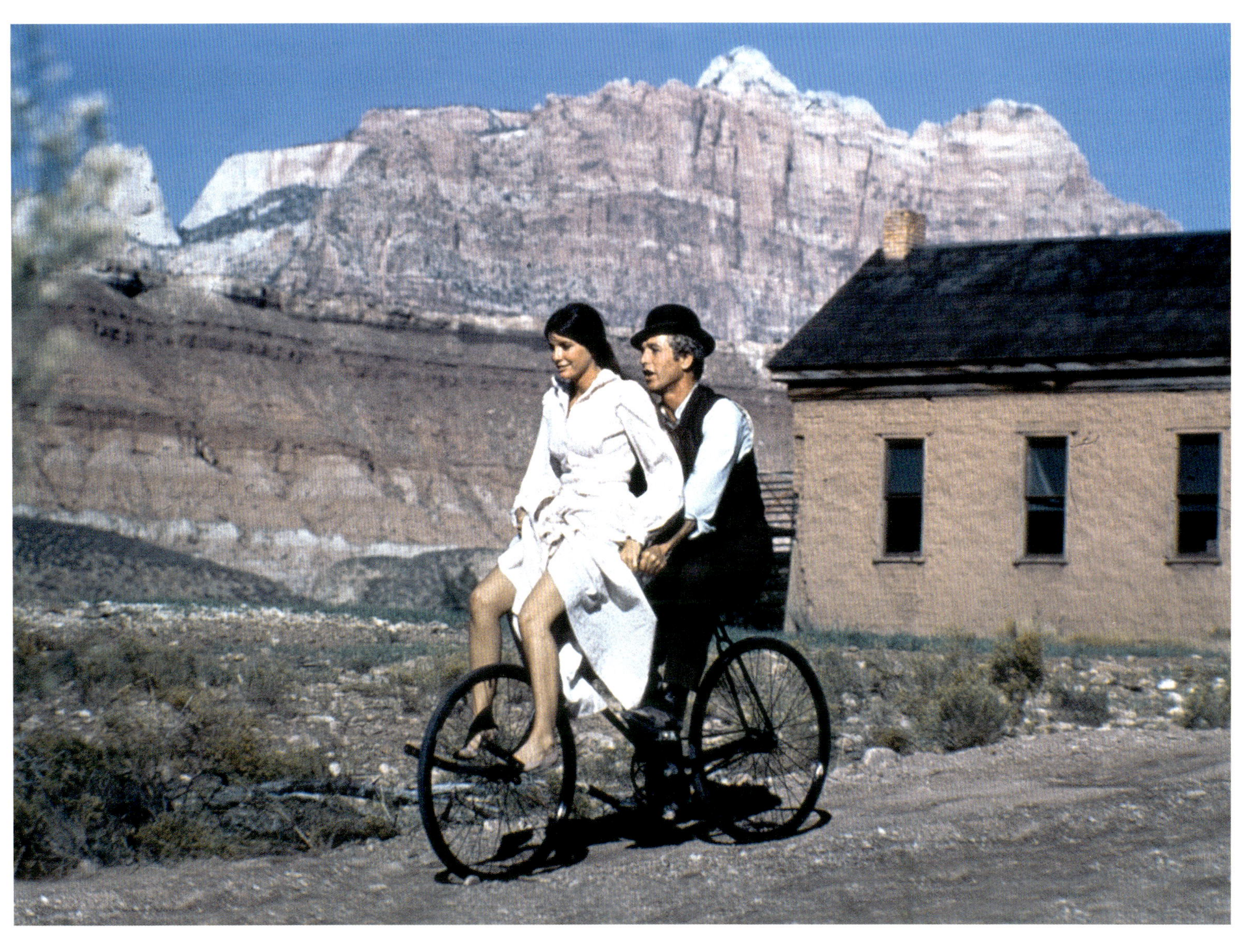

Peter Sellers and Britt Ekland, Rome, 1965
stampa giclée / archival pigment print
cm 50.8 x 60.96 ca. / inches 20 x 24 ca.

Paul Newman and Katherine Ross in Butch Cassidy and the Sundance Kid, 1968
stampa giclée / archival pigment print
cm 50.80 x 60.96 ca. / inches 20 x 24 ca.

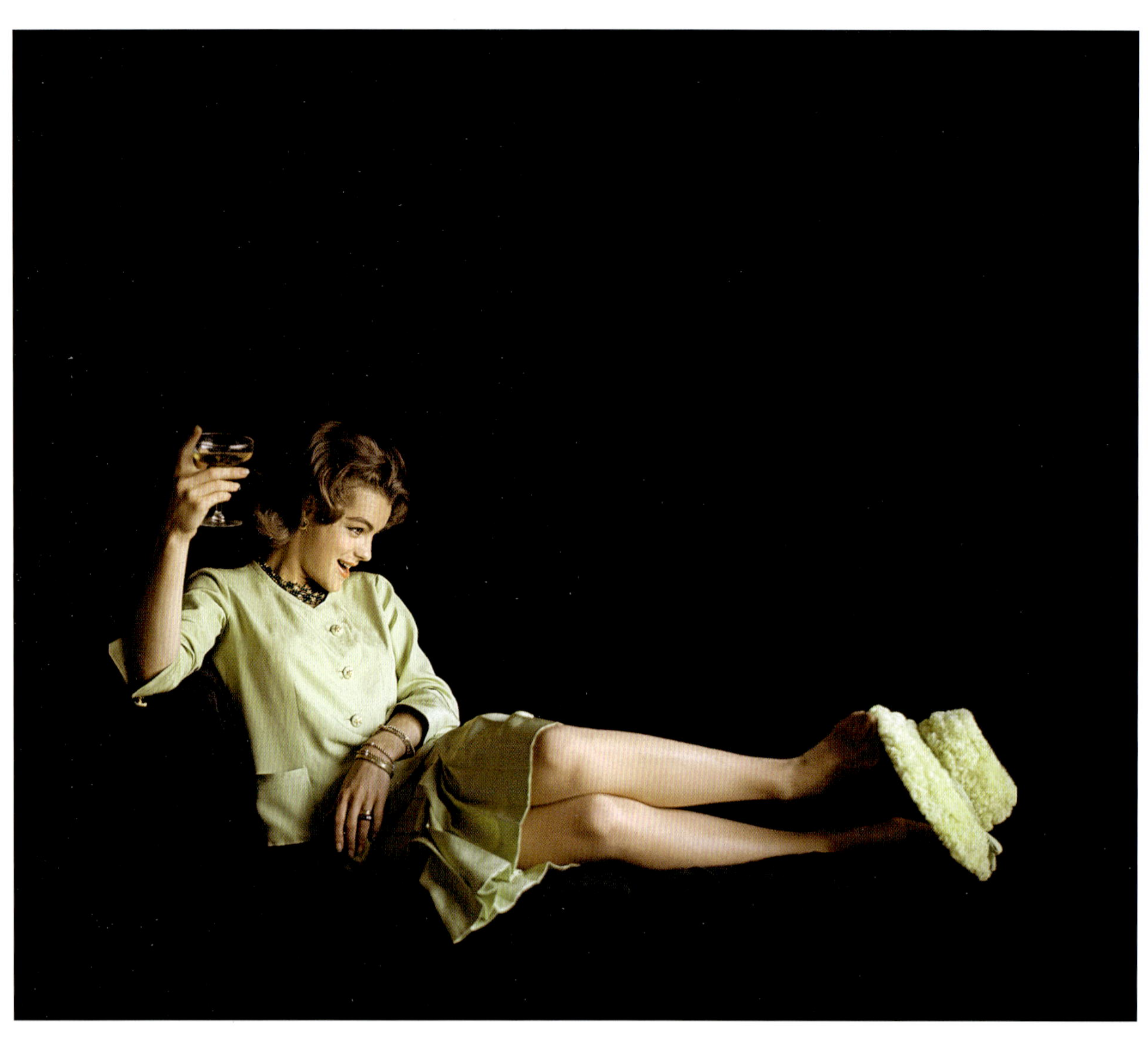

Romy Schneider, 1962
stampa giclée / archival pigment print
cm 50.80 x 60.96 ca. / inches 20 x 24 ca.

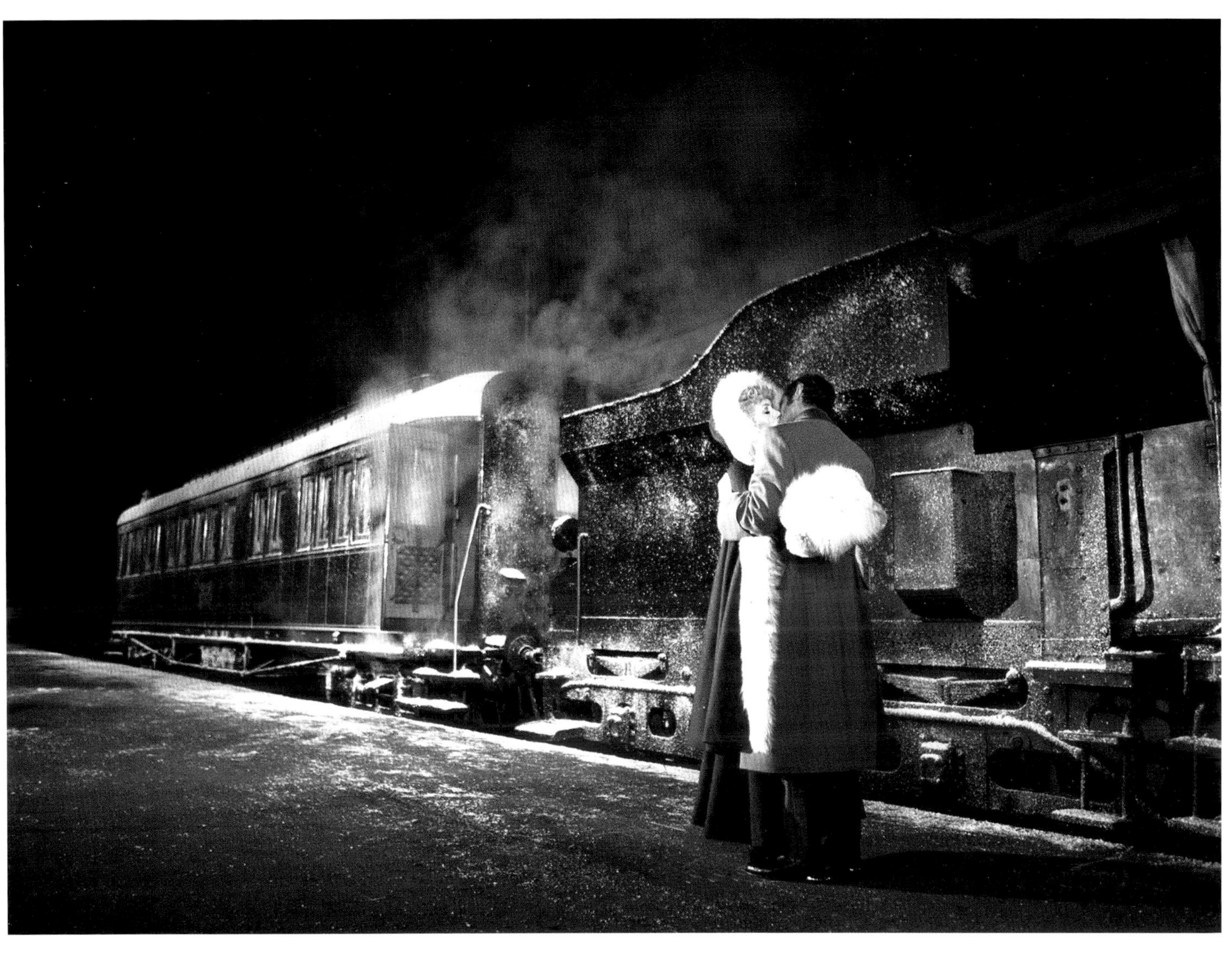

Omar Sharif and Catharine Deneuve, Mayerling, Vienna 1968
stampa giclée / archival pigment print
cm 50.80 x 60.96 ca. / inches 20 x 24 ca.

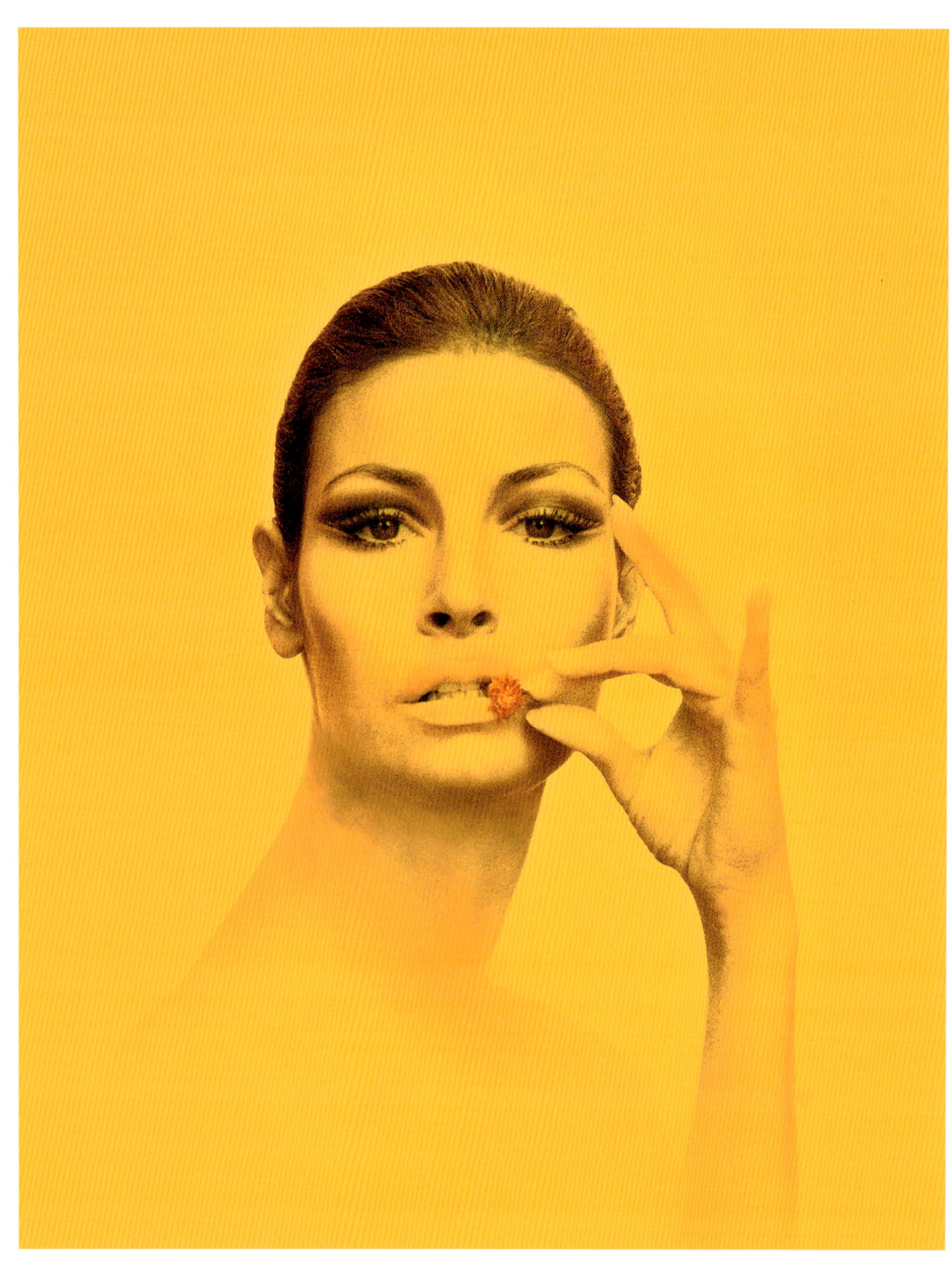

Raquel Welch, 1969
stampa giclée / archival pigment print
cm 50.80 x 60.96 ca. / inches 20 x 24 ca.

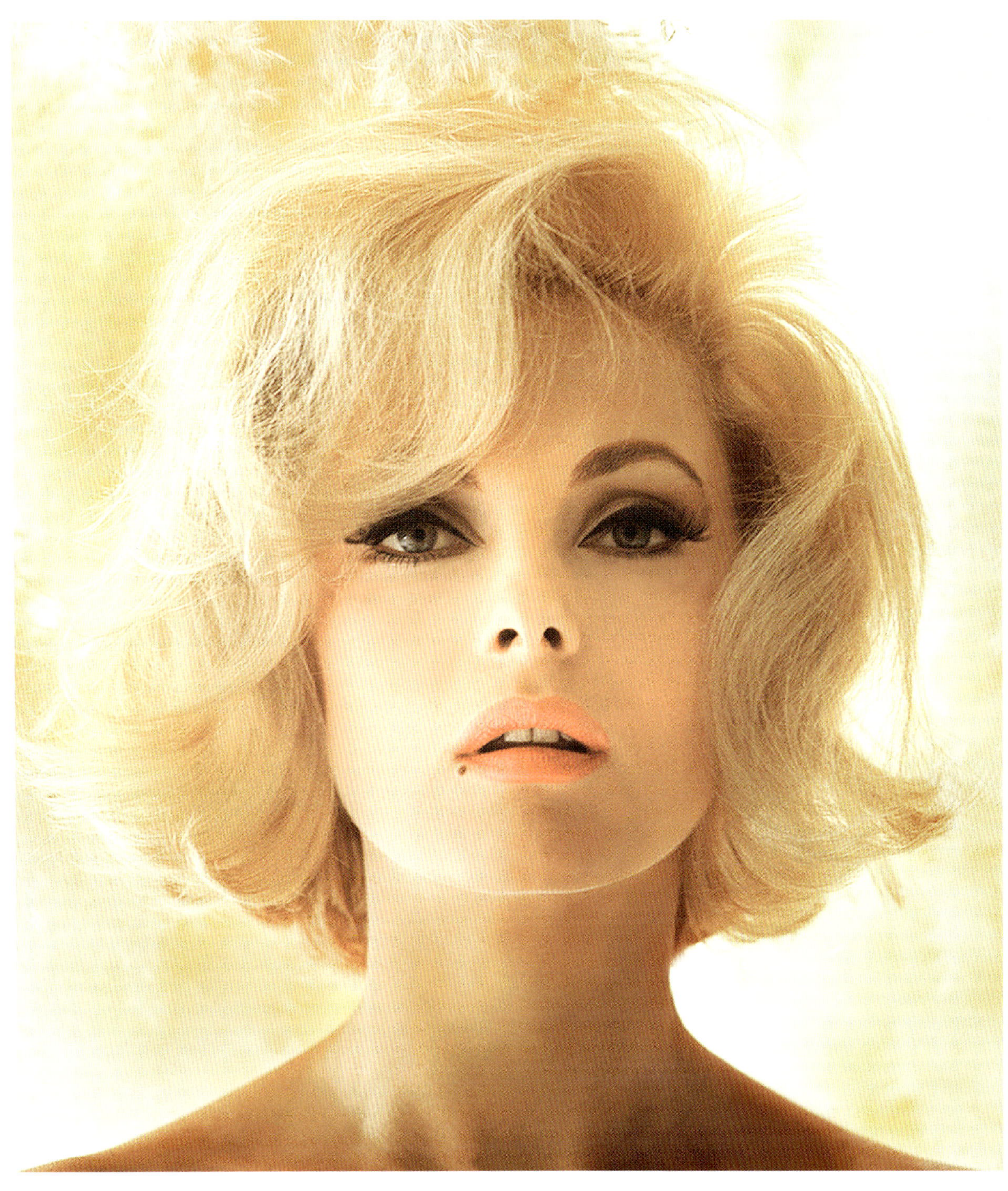

Virna Lisi, Rome, 1965
stampa giclée / archival pigment print
cm 50.80 x 60.96 ca. / inches 20 x 24 ca.

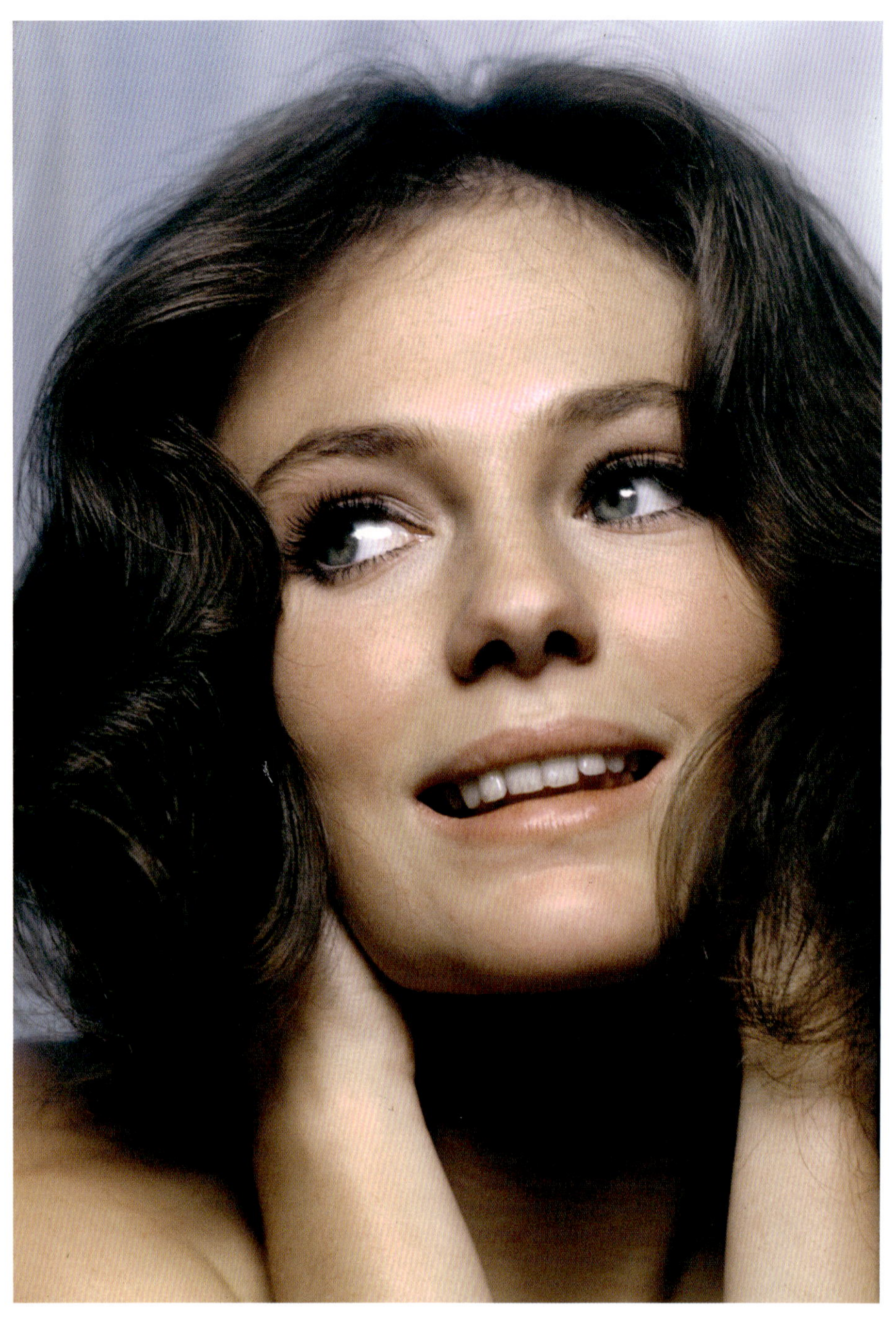

Jacqueline Bissett 1968
stampa giclée / archival pigment print
cm 50.80 x 60.96 ca. / inches 20 x 24 ca.

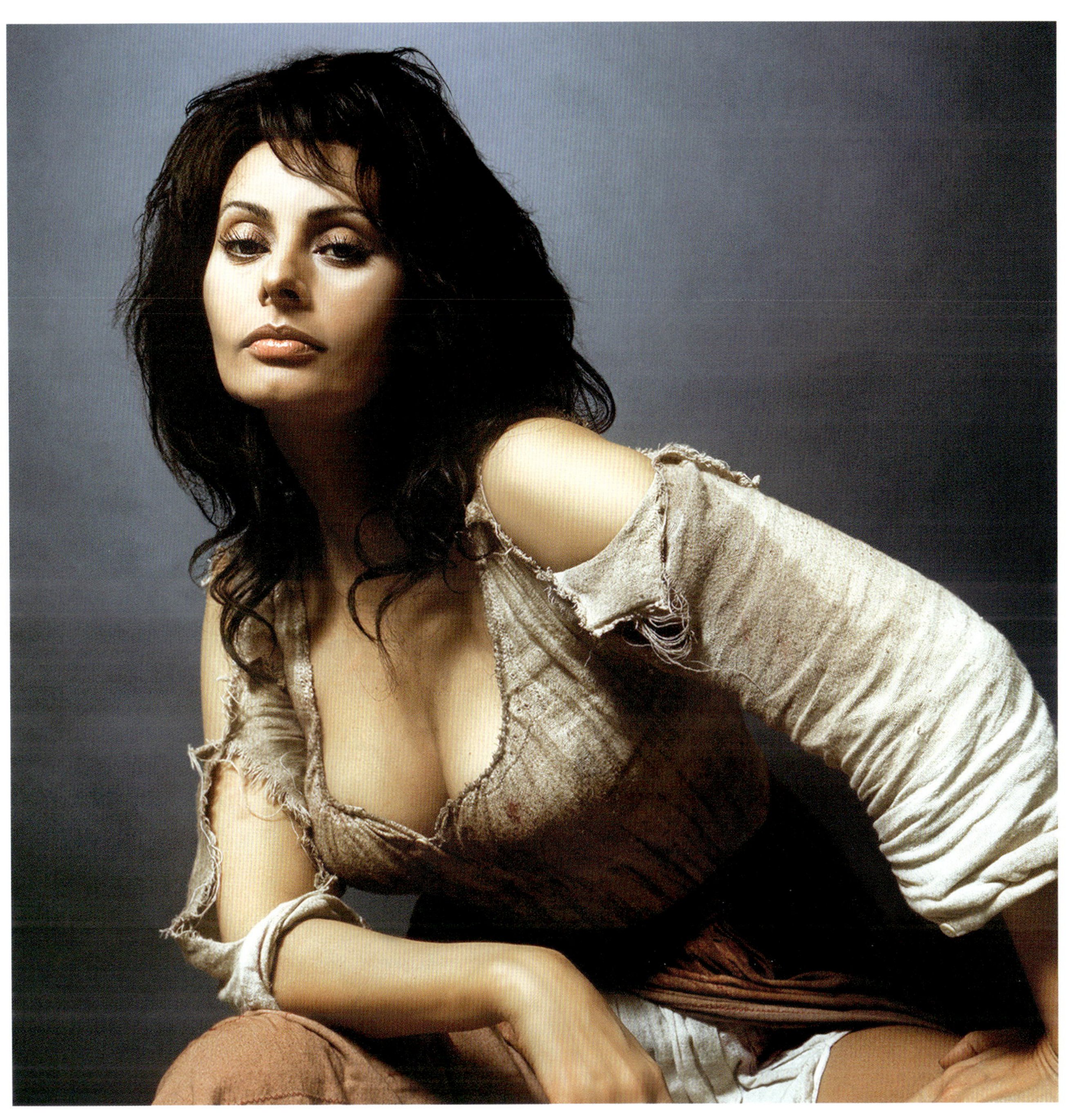

Sophia Loren, 1972
stampa giclée / archival pigment print
cm 60.96 x 50.80 ca. / inches 24 x 20 ca.

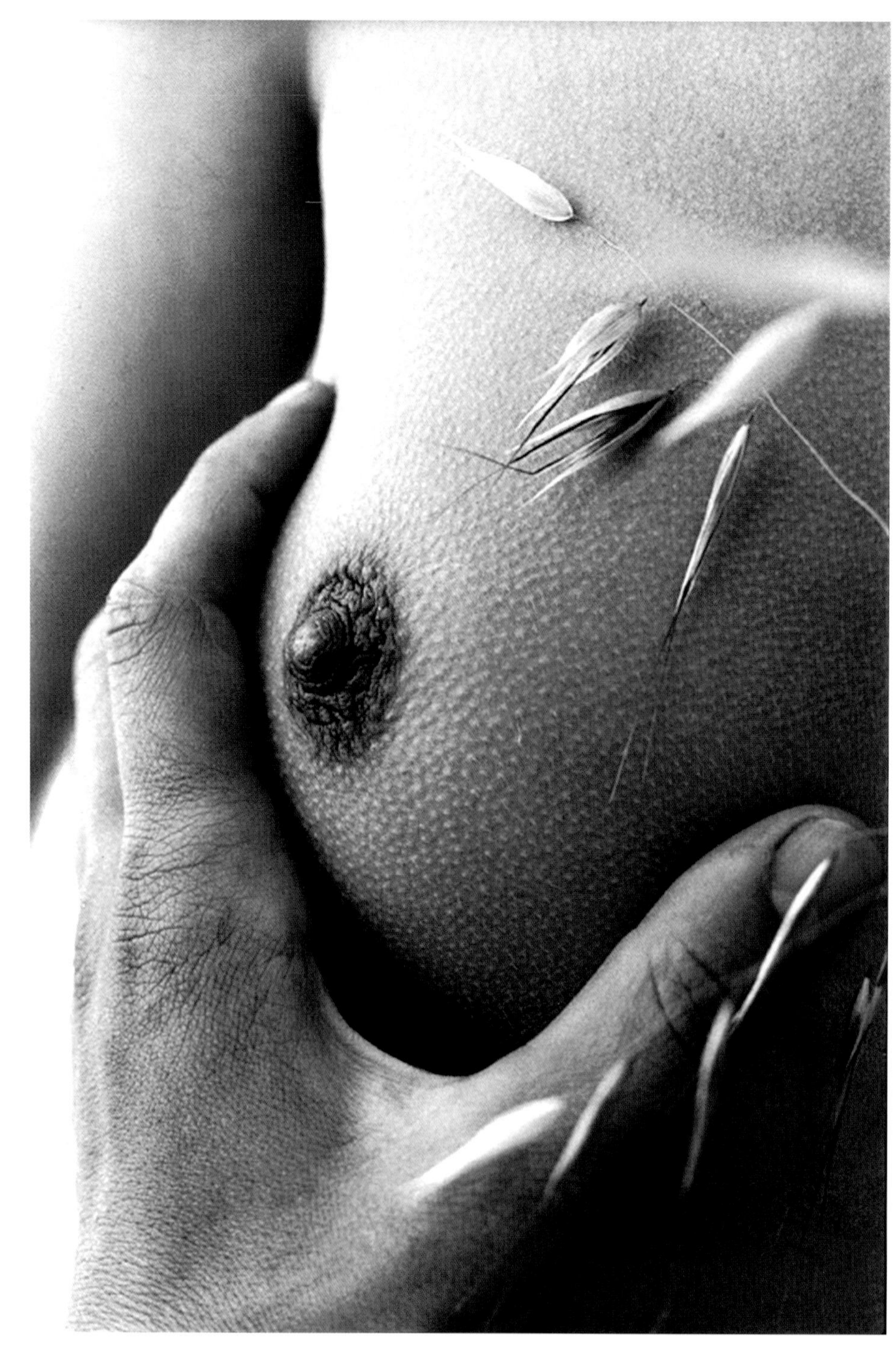

Her Breast, 1972
stampa giclée / archival pigment print
cm 76.2 x 101.6 ca. / inches 30 x 40 ca.

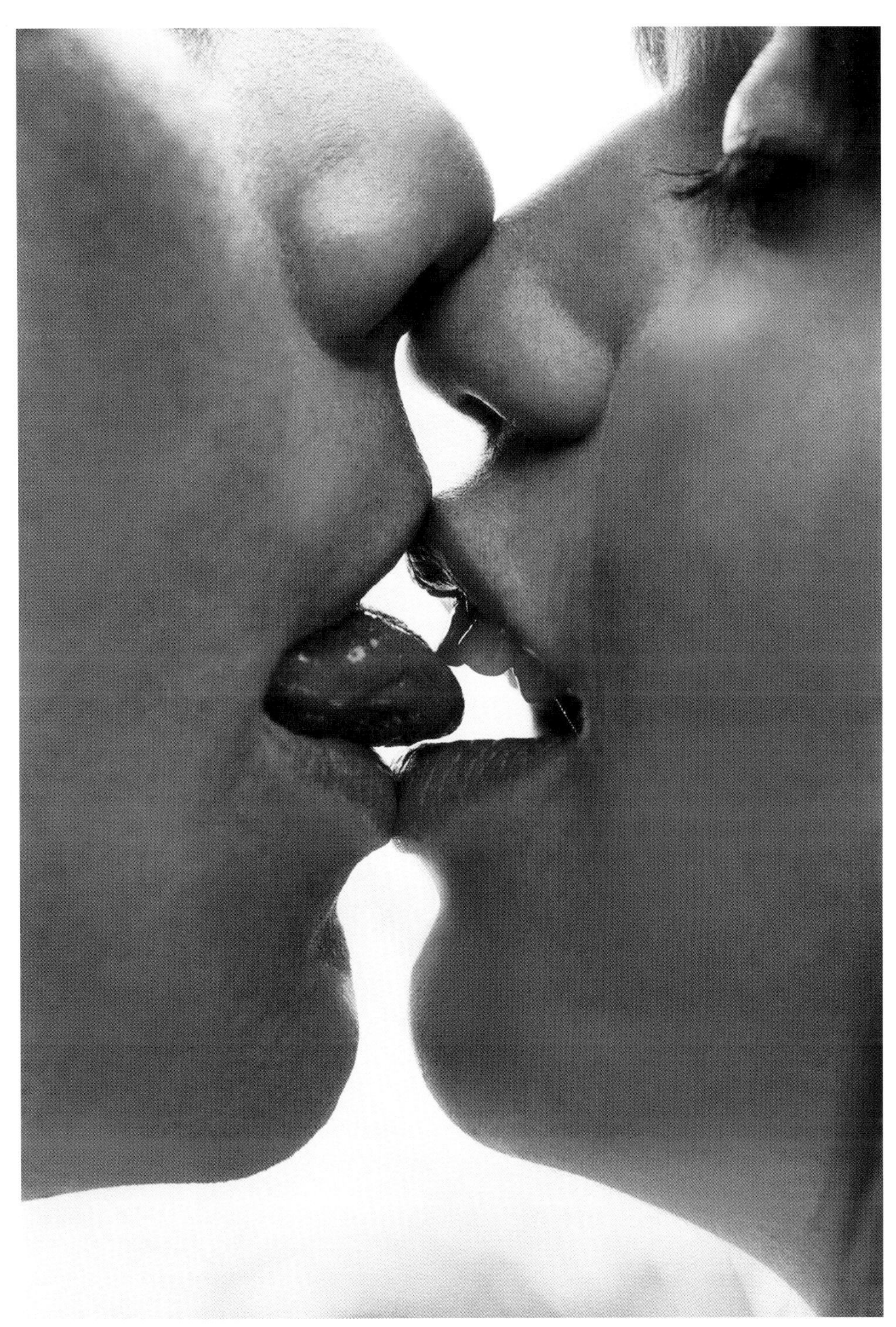

The Kiss, 1972
stampa giclée / archival pigment print
cm 76.2 x 101.6 ca. / inches 30 x 40 ca.

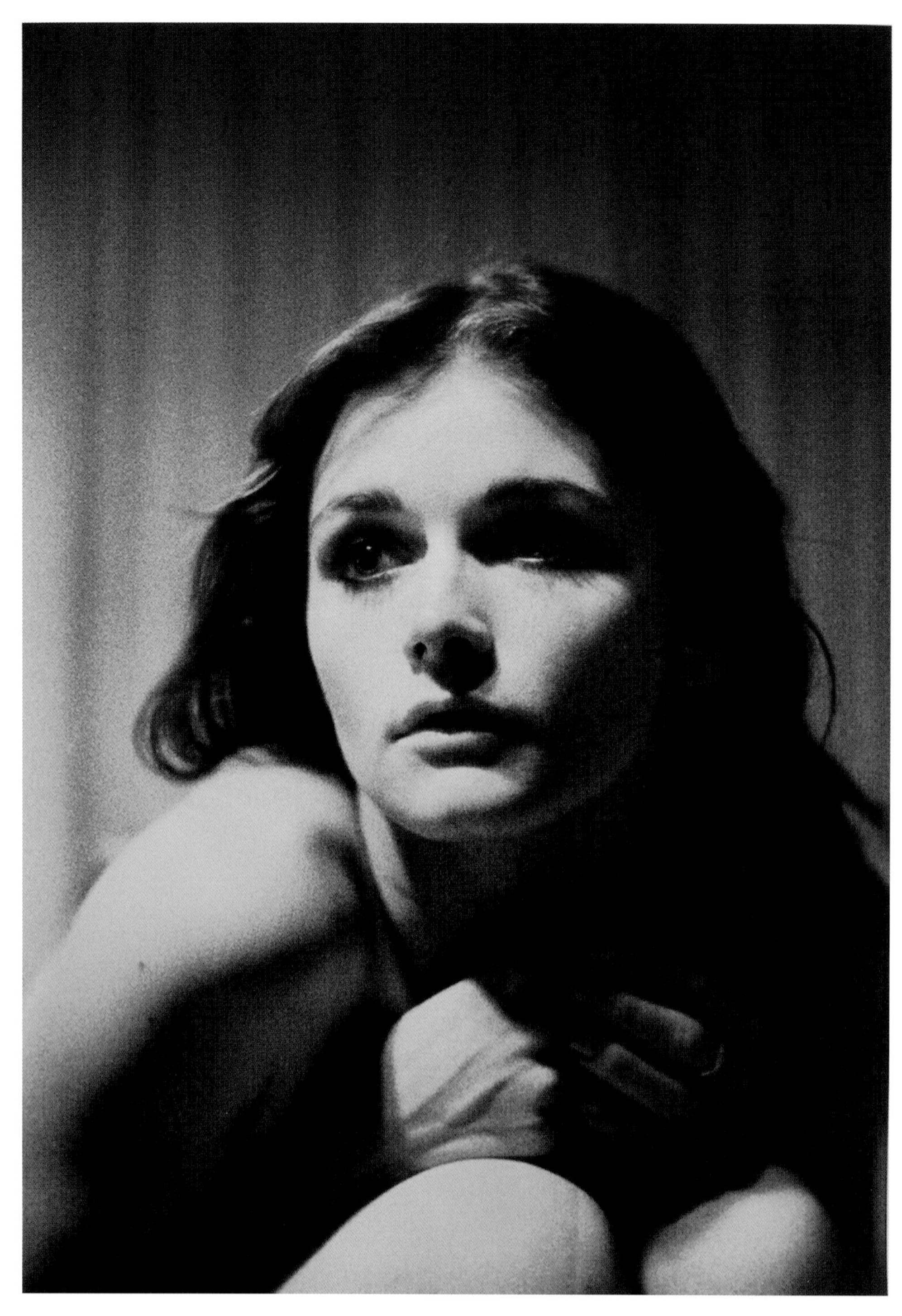

Margot Kidder, 1975
stampa vintage alla gelatina d'argento /
vintage gelatin silver print
cm 28 x 35.5 ca. / inches 11 x 14 ca.

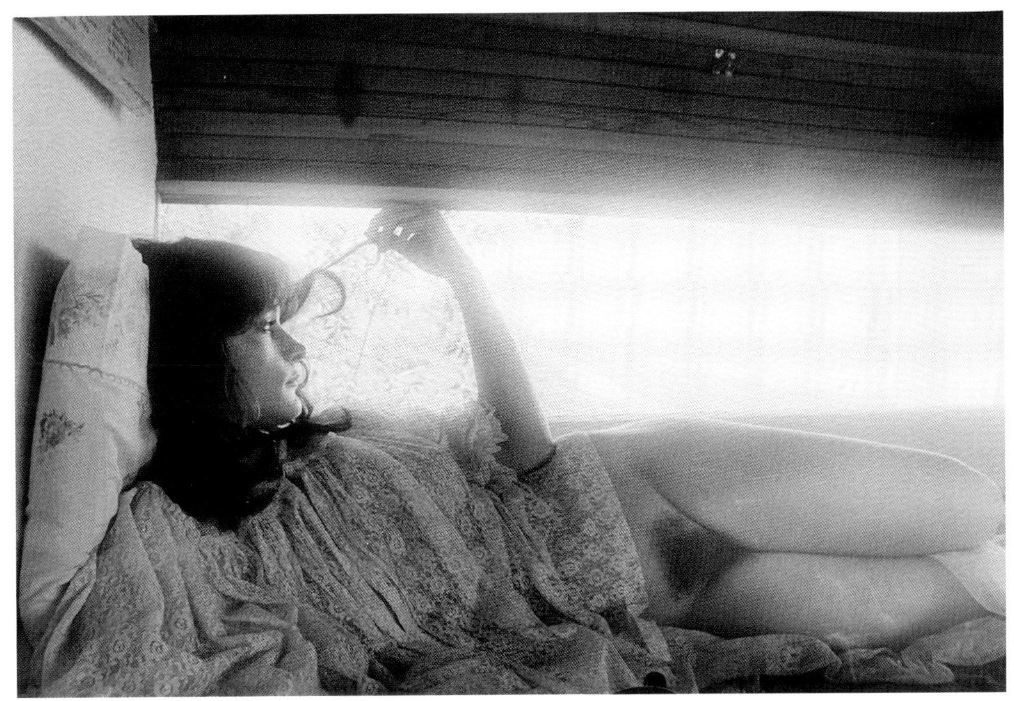

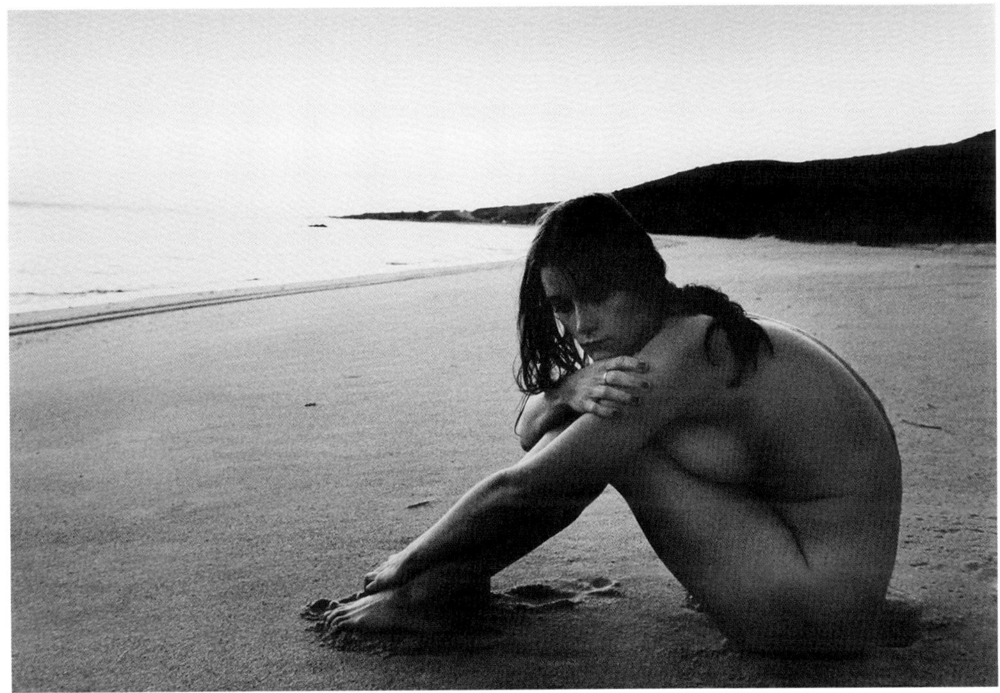

Margot Kidder, 1975
stampa vintage alla gelatina d'argento /
vintage gelatin silver print
cm 28 x 35.5 ca. / inches 11 x 14 ca.

Margot Kidder, 1975
stampa vintage alla gelatina d'argento /
vintage gelatin silver print
cm 28 x 35.5 ca. / inches 11 x 14 ca.

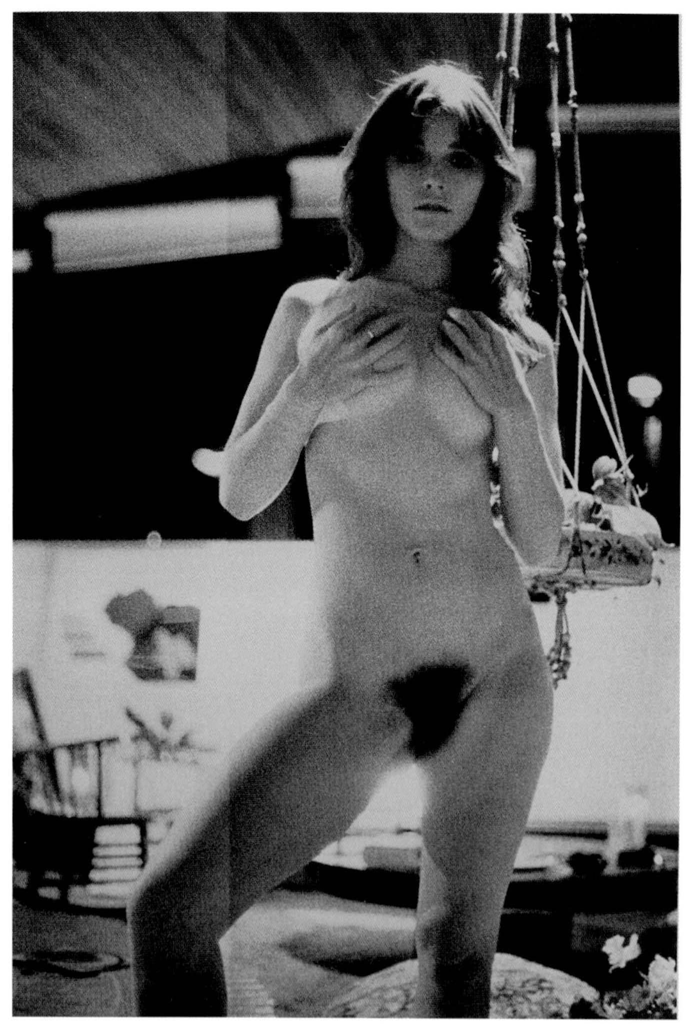

Margot Kidder, 1975
stampa vintage alla gelatina d'argento / vintage gelatin silver print
cm 28 x 35.5 ca. / inches 11 x 14 ca.

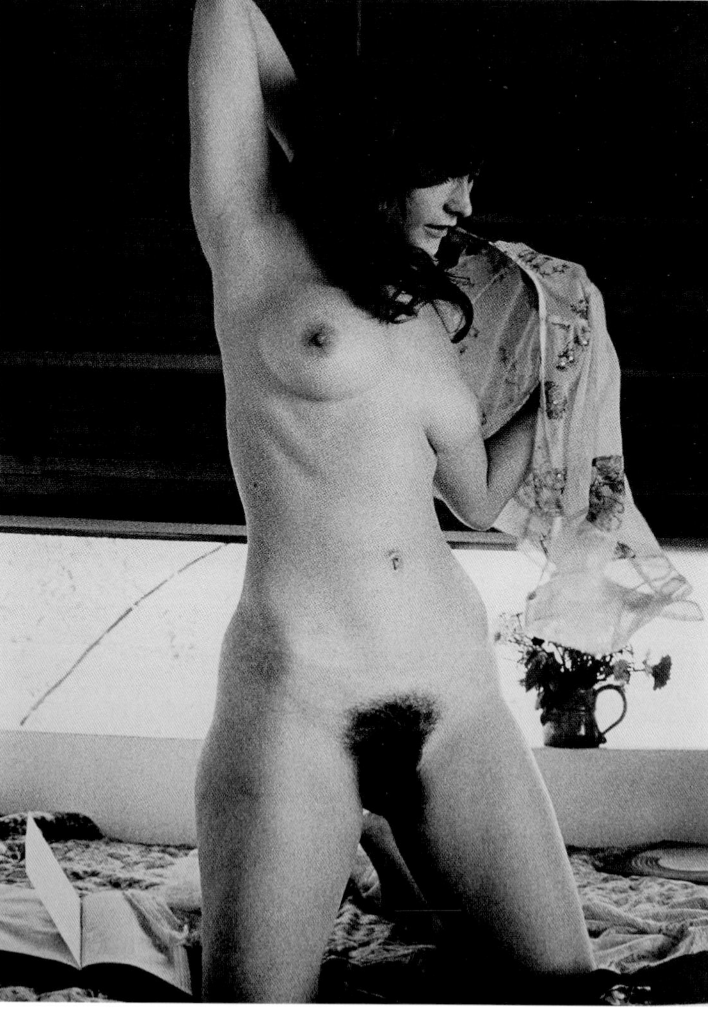

Margot Kidder, 1975
stampa vintage alla gelatina d'argento / vintage gelatin silver print
cm 28 x 35.5 ca. / inches 11 x 14 ca.

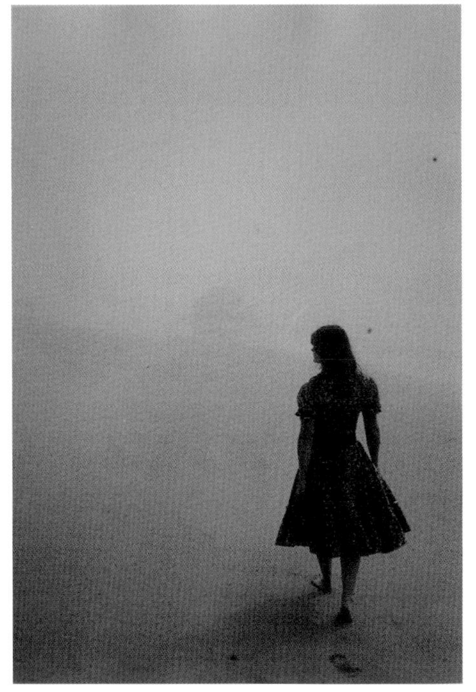

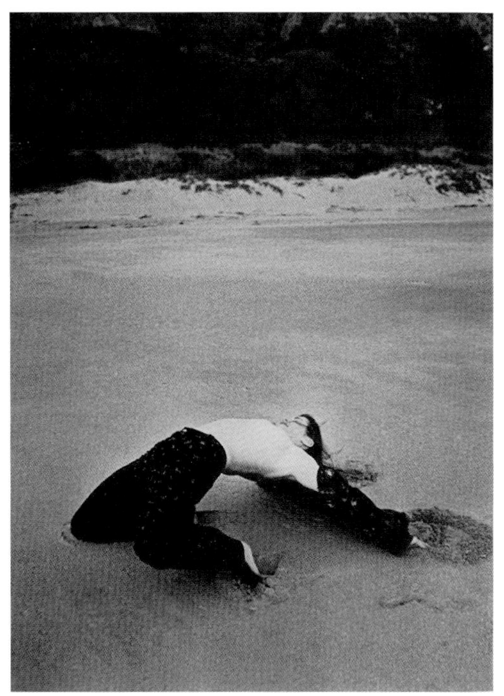

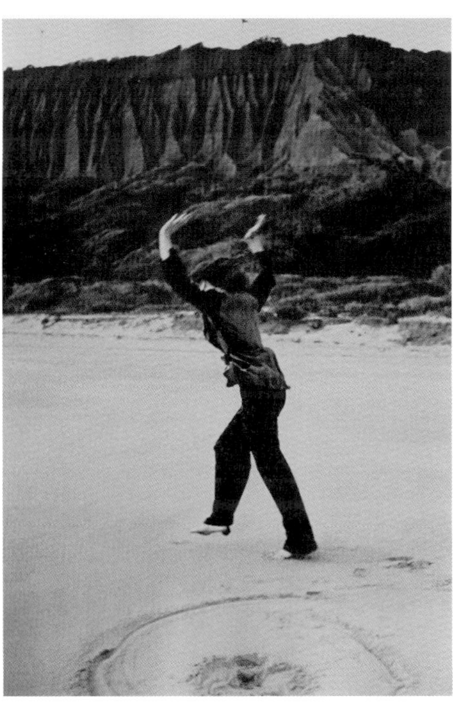

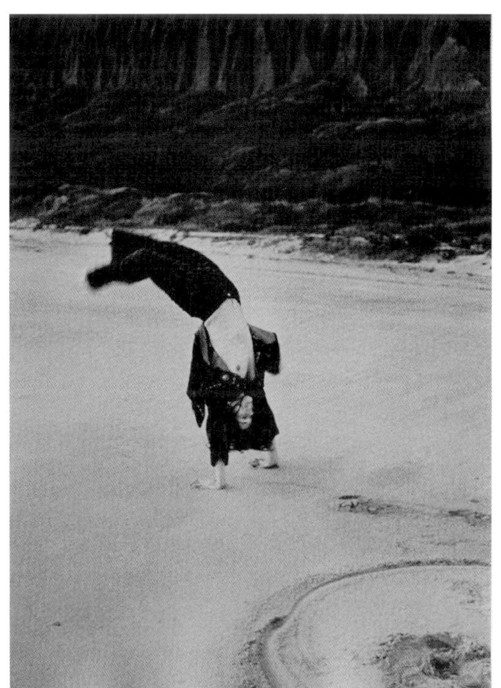

Margot Kidder, 1975
stampa vintage alla gelatina d'argento /
vintage gelatin silver print
cm 28 x 35.5 ca./ inches 11 x 14 ca.

Margot Kidder, 1975
stampa vintage alla gelatina d'argento /
vintage gelatin silver print
cm 28 x 35.5 ca. / inches 11 x 14 ca.

Margot Kidder, 1975
stampa vintage alla gelatina d'argento /
vintage gelatin silver print
cm 28 x 35.5 ca. / inches 11 x 14 ca.

Margot Kidder, 1975
stampa vintage alla gelatina d'argento /
vintage gelatin silver print
cm 28 x 35.5 ca. / inches 11 x 14 ca.

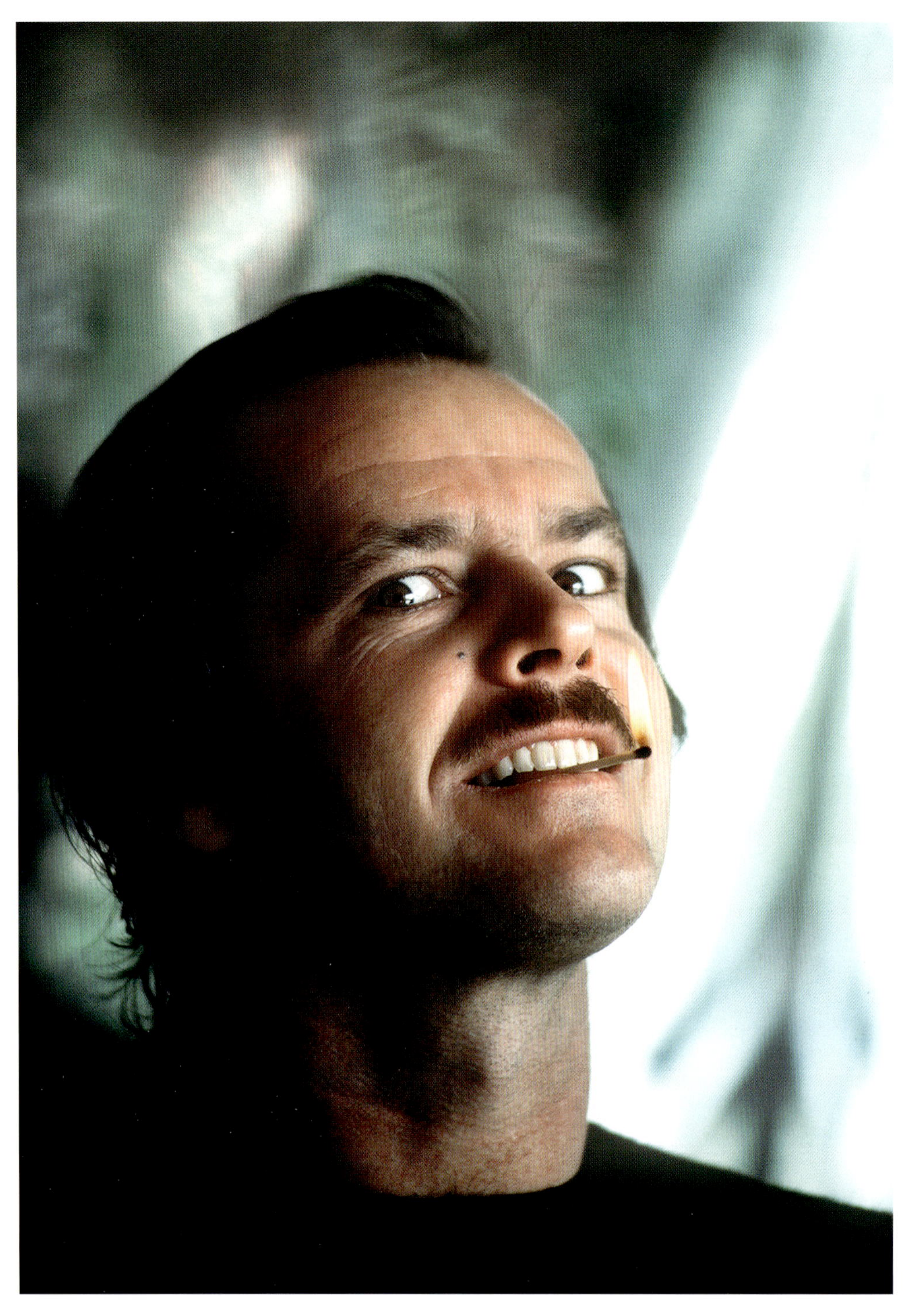

Jack Nicholson, 1975
stampa giclée / archival pigment print
cm 50.80 x 60.96 ca. / inches 20 x 24 ca.

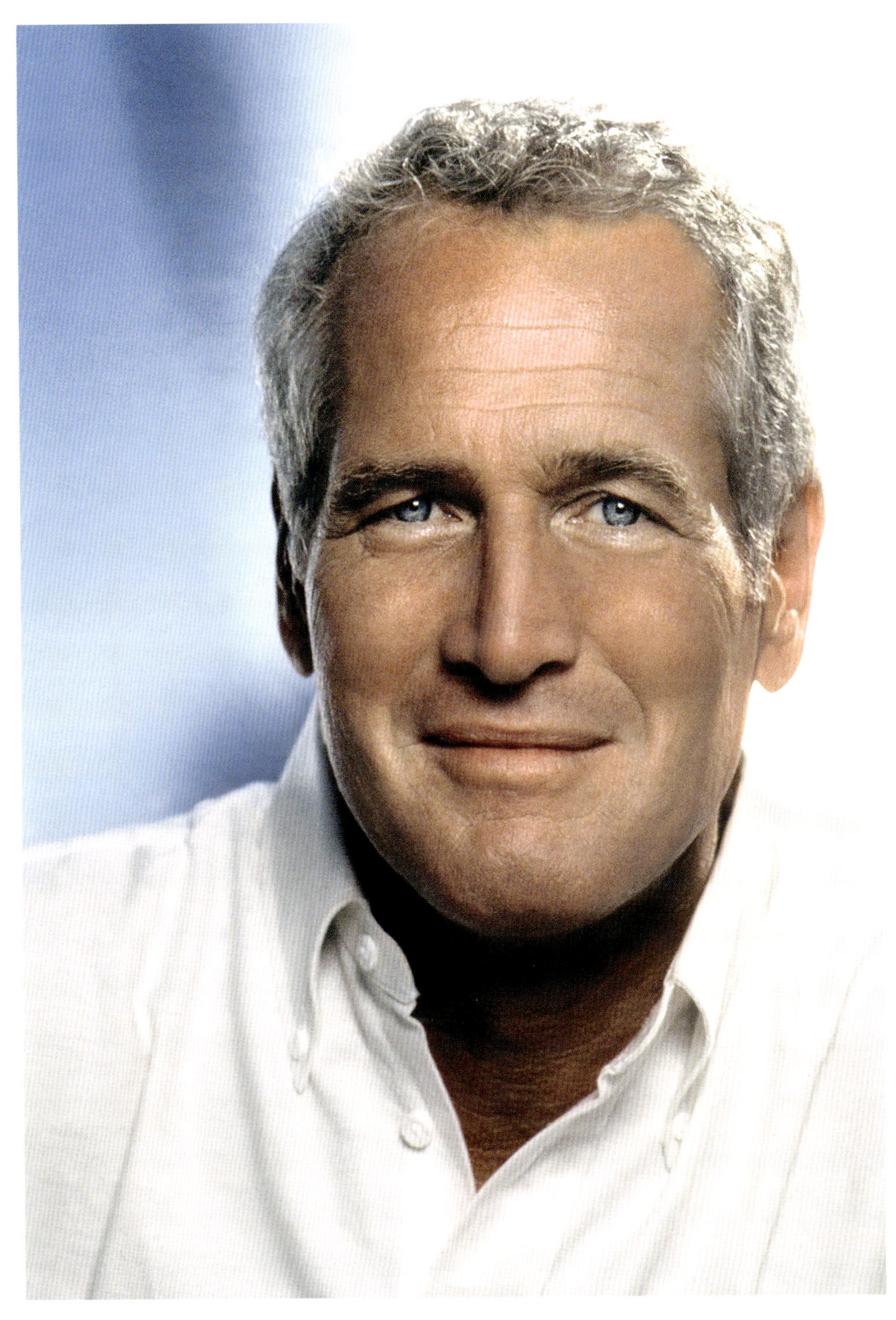

Paul Newman, 1980
stampa giclée / archival pigment print
cm 50.80 x 60.96 ca. / inches 20 x 24 ca.

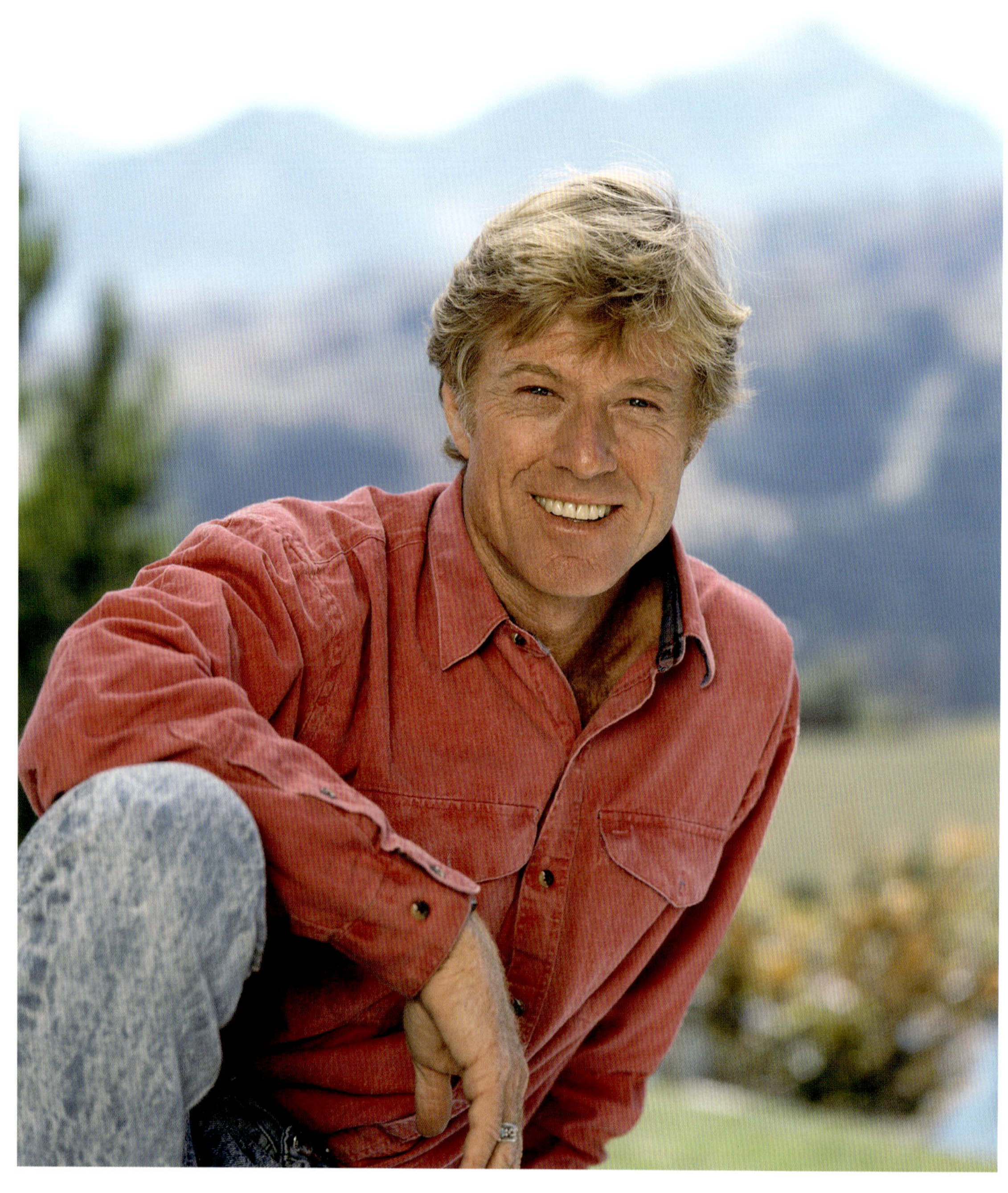

Robert Redford, 1988
stampa giclée / archival pigment print
cm 50.80 x 60.96 ca. / inches 20 x 24 ca.

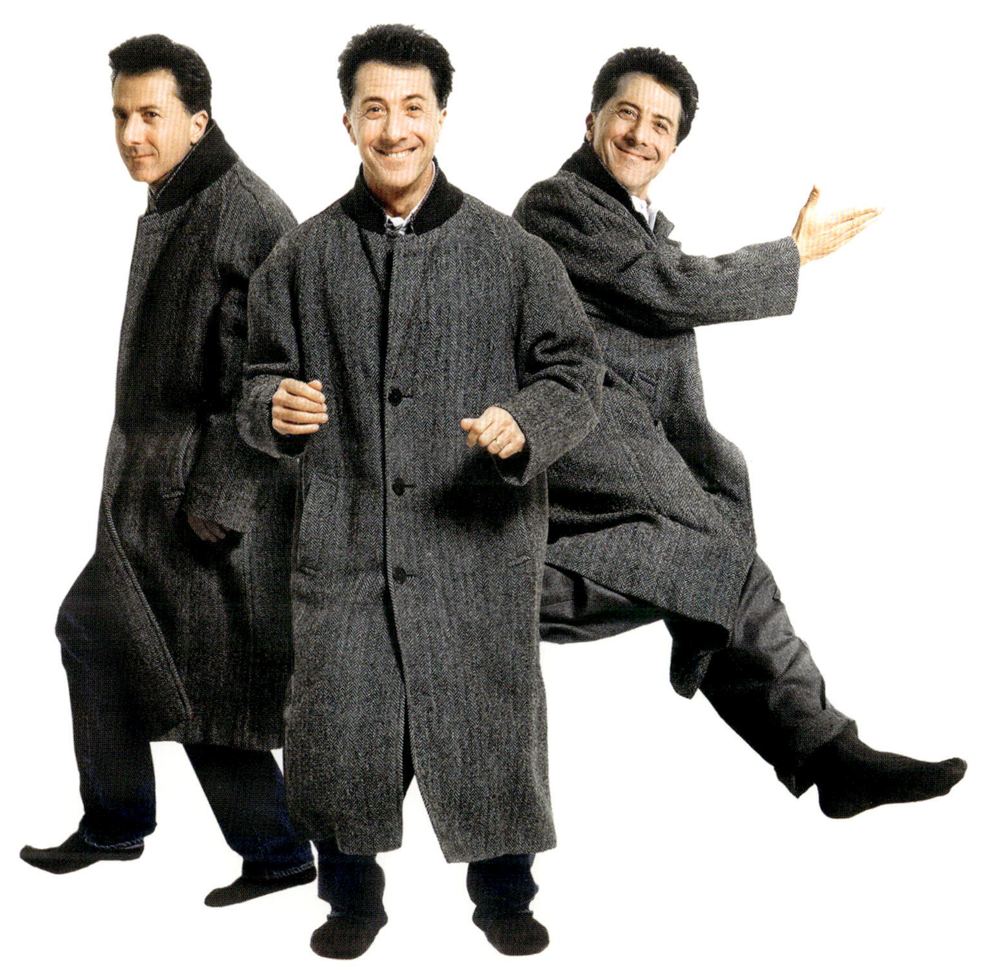

Dustin Hoffman, 1988
stampa giclée / archival pigment print
cm 50.80 x 60.96 ca. / inches 20 x 24 ca.

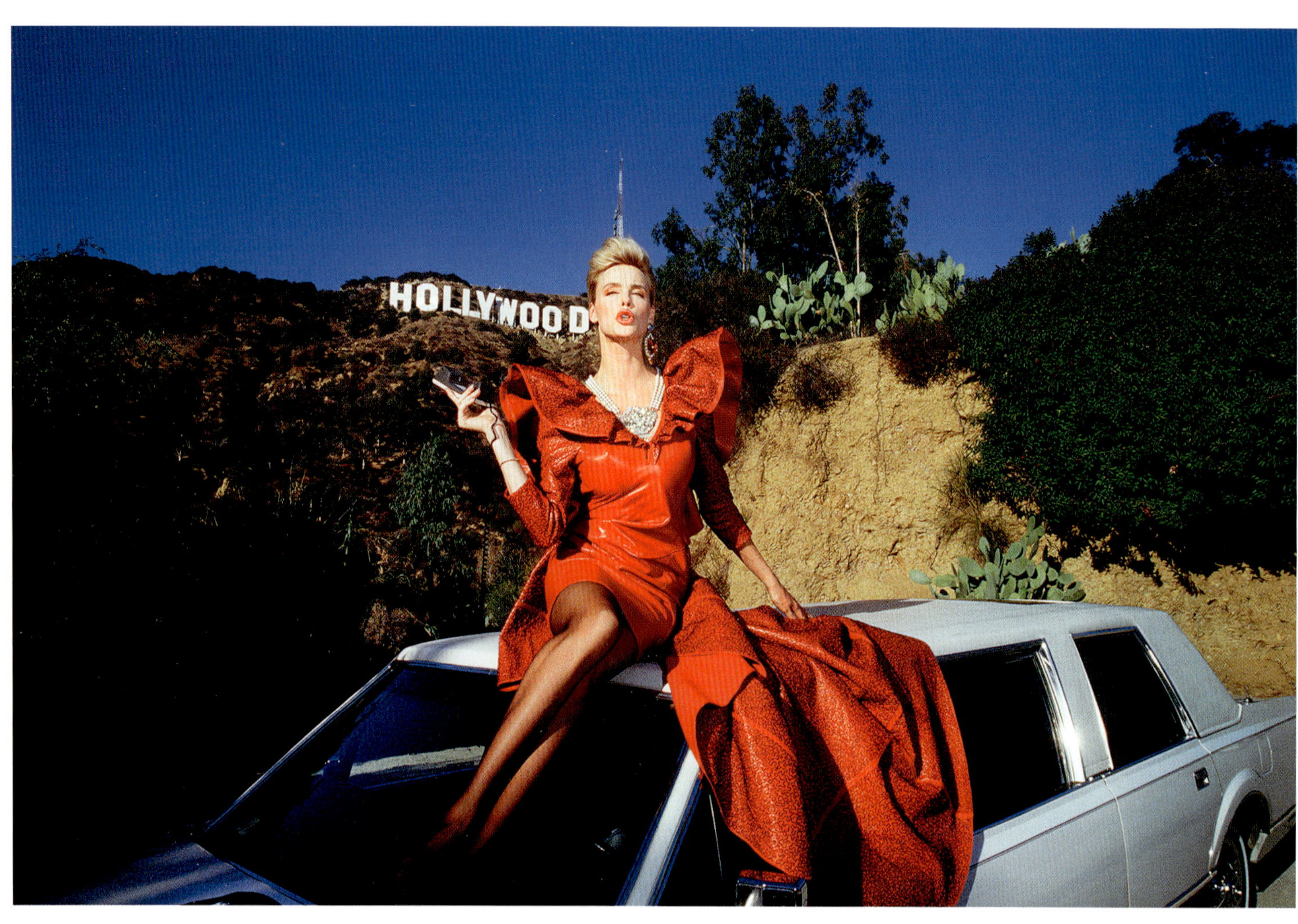

Brigitte Nielsen, 1986
stampa giclée / archival pigment print
cm 50.80 x 60.96 ca. / inches 20 x 24 ca.

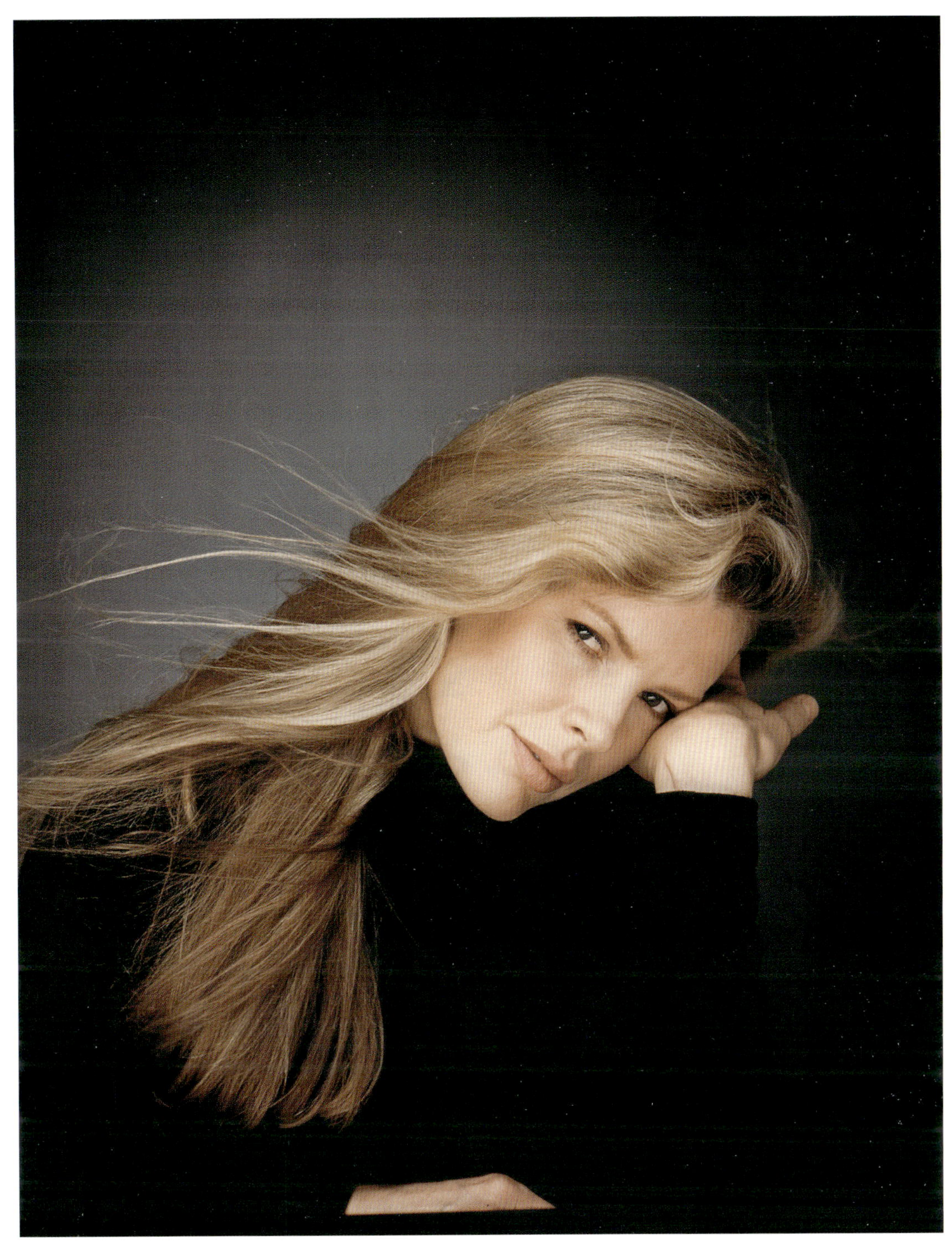

Kim Basinger, 1989
stampa giclée / archival pigment print
cm 28 x 35.56 ca. / inches 11 x 14 ca.

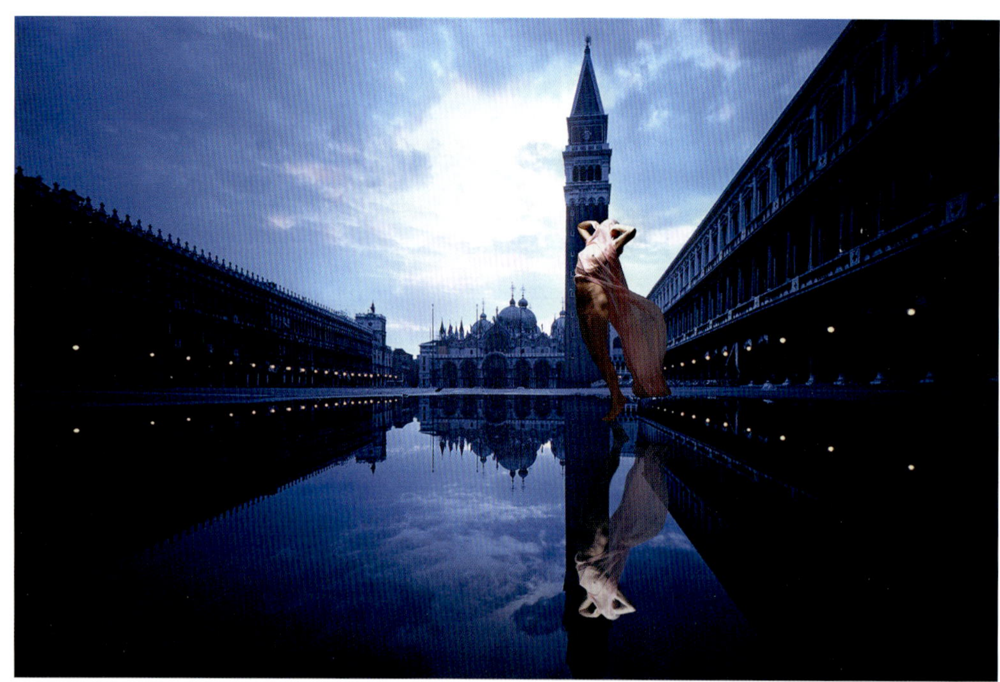

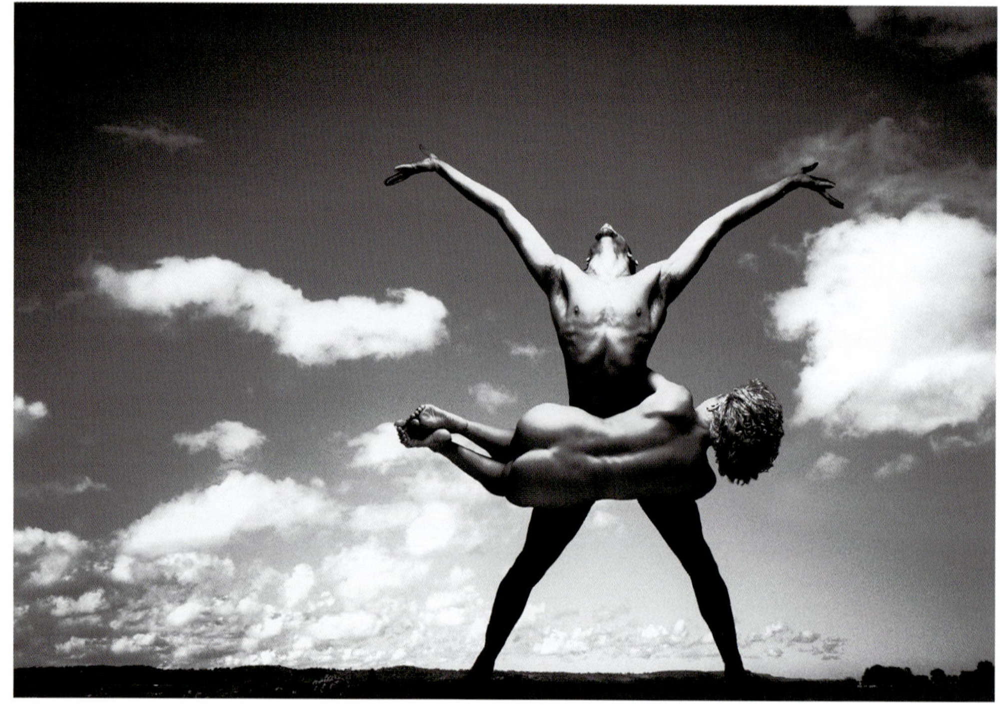

Elena in Venice, 1994
stampa giclée / archival pigment print
cm 50.80 x 60.96 ca. / inches 20 x 24 ca.

Victory, 1994
stampa giclée / archival pigment print
cm 50.80 x 60.96 ca. / inches 20 x 24 ca.

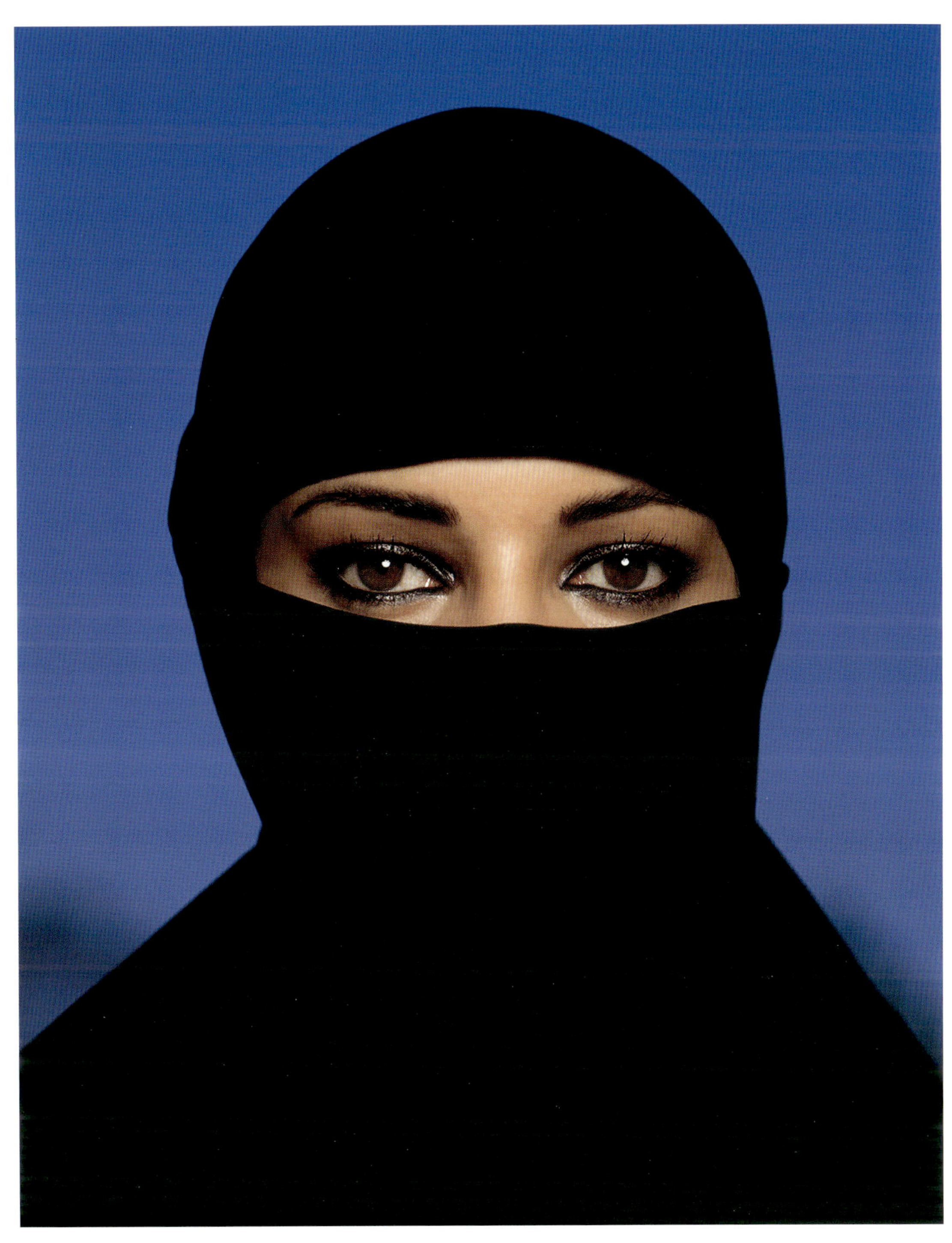

Bahia, 1999
stampa giclée / archival pigment print
cm 50.80 x 60.96 ca. / inches 20 x 24 ca.

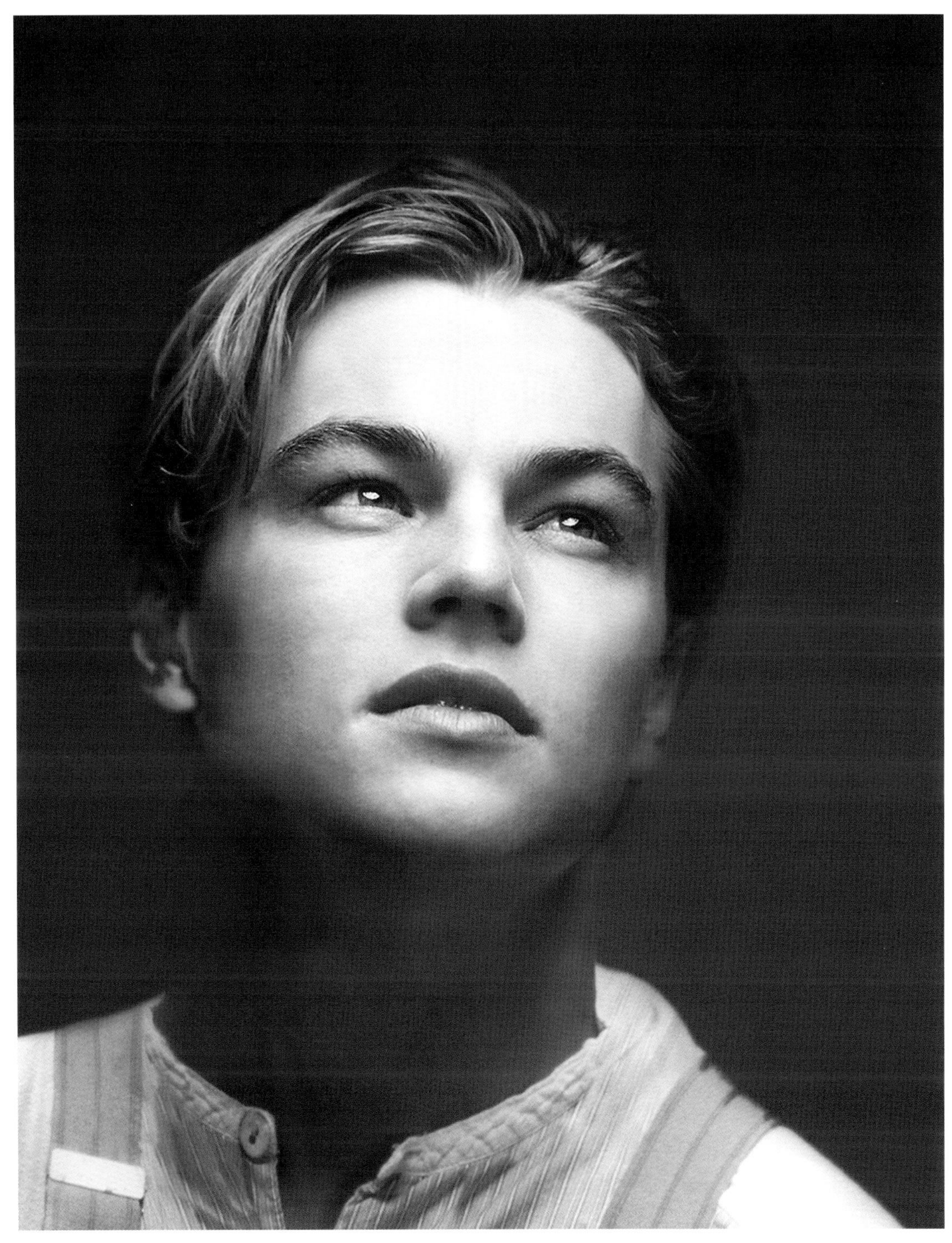

Titanic Leonardo DiCaprio, 1997
stampa giclée / archival pigment print
cm 50.80 x 60.96 ca. / inches 20 x 24 ca.

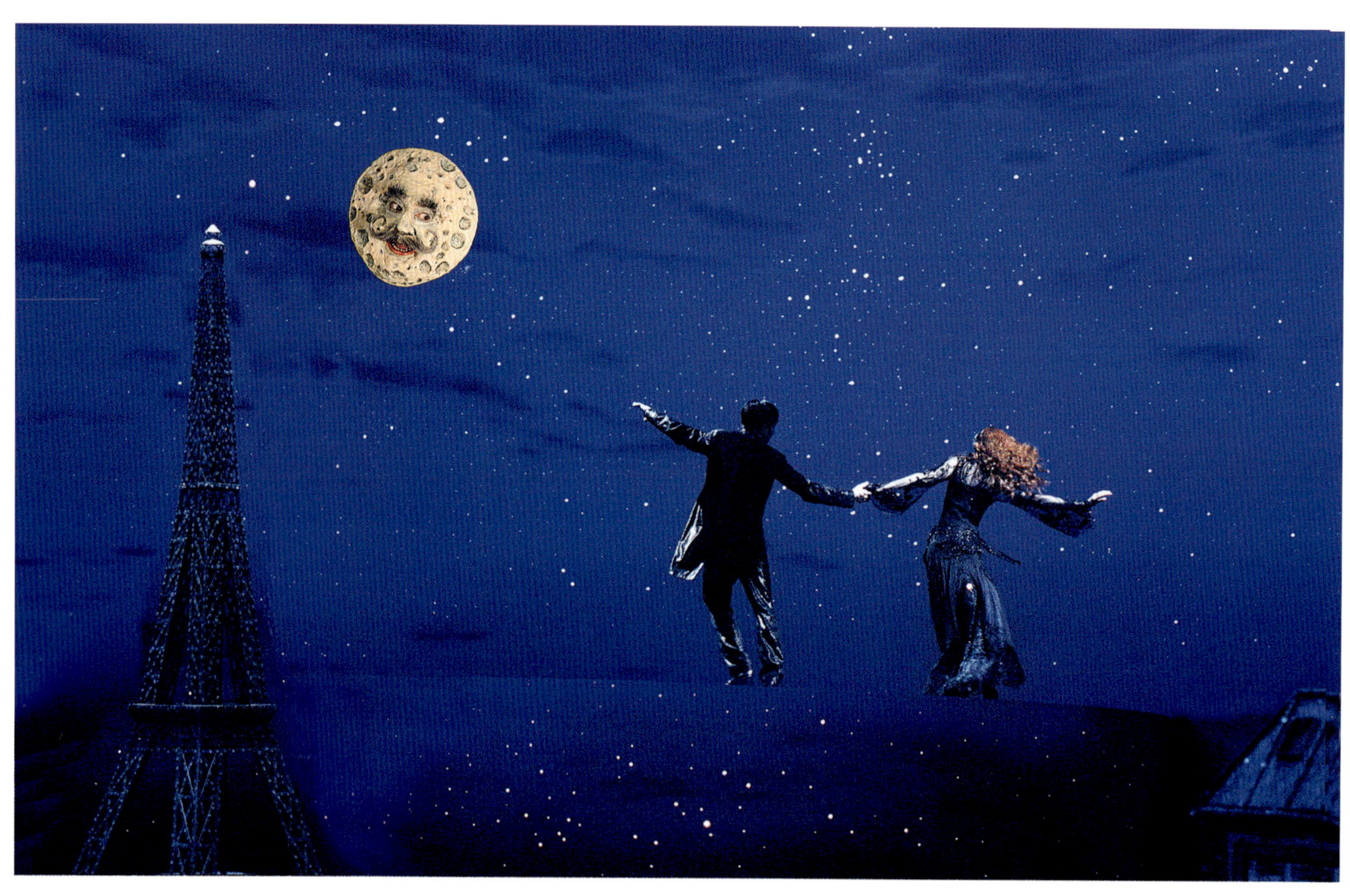

Nicole Kidman and Ewan McGregor in Moulin Rouge, 2000
stampa giclée / archival pigment print
cm 50.80 x 60.96 ca. / inches 20 x 24 ca.

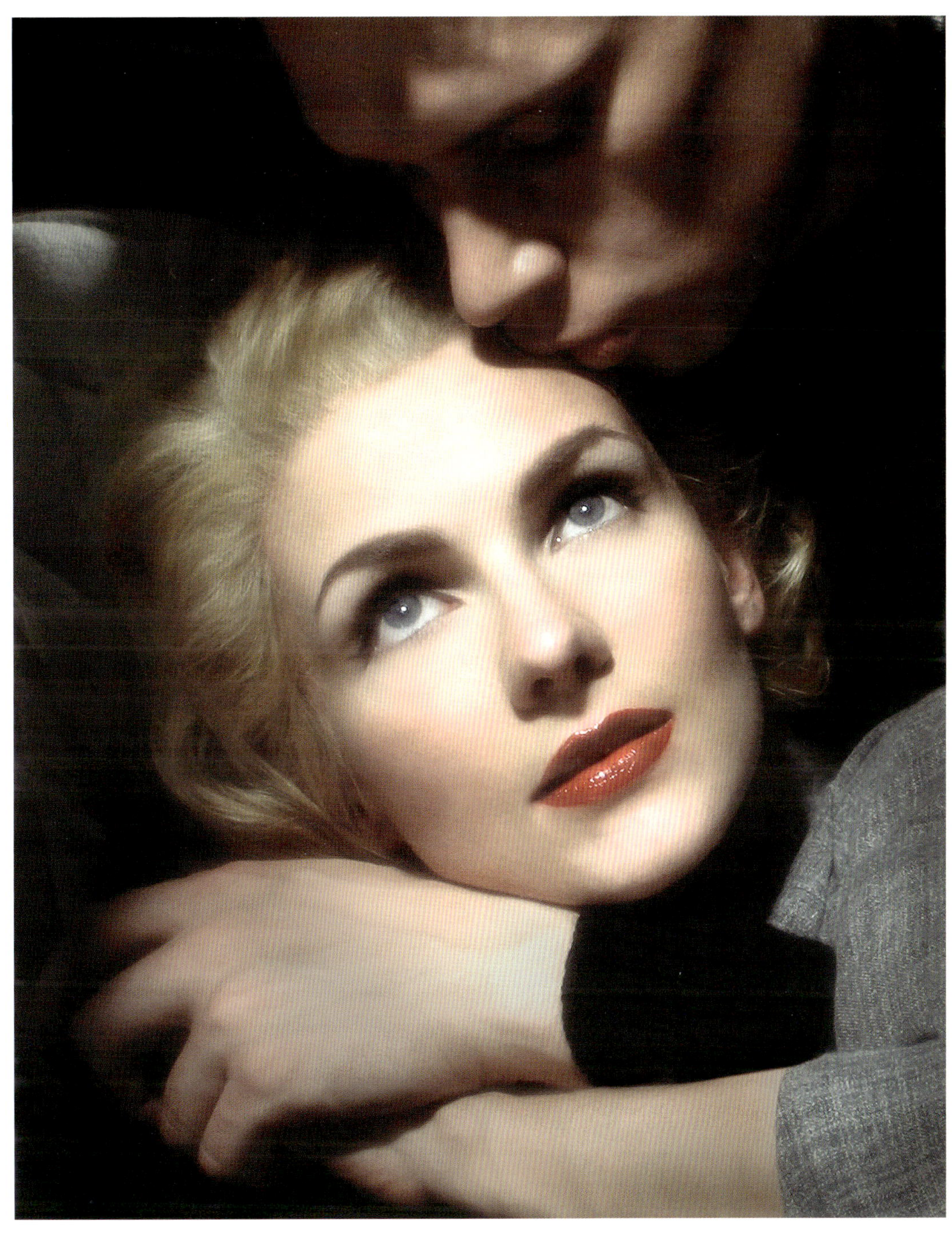

La Boheme, New York 2002
stampa giclée / archival pigment print
cm 50.80 x 60.96 ca. / inches 20 x 24 ca.

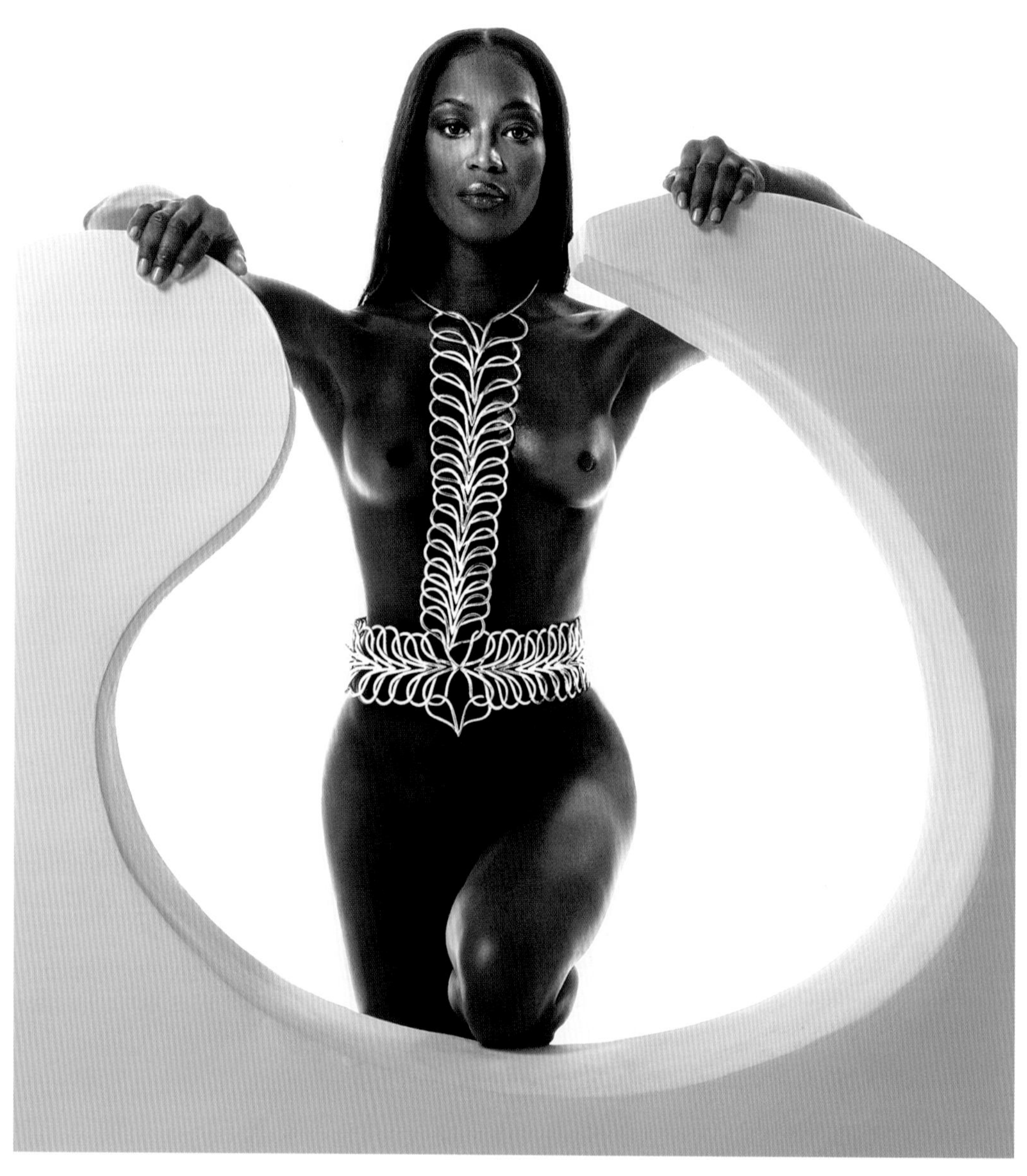

Naomi Campbell, 2003
stampa giclée / archival pigment print
cm 76.2 x 101.6 ca. / inches 30 x 40 ca.

Naomi Campbell, 2003
stampa giclée / archival pigment print
cm 76.2 x 101.6 ca. / inches 30 x 40 ca.

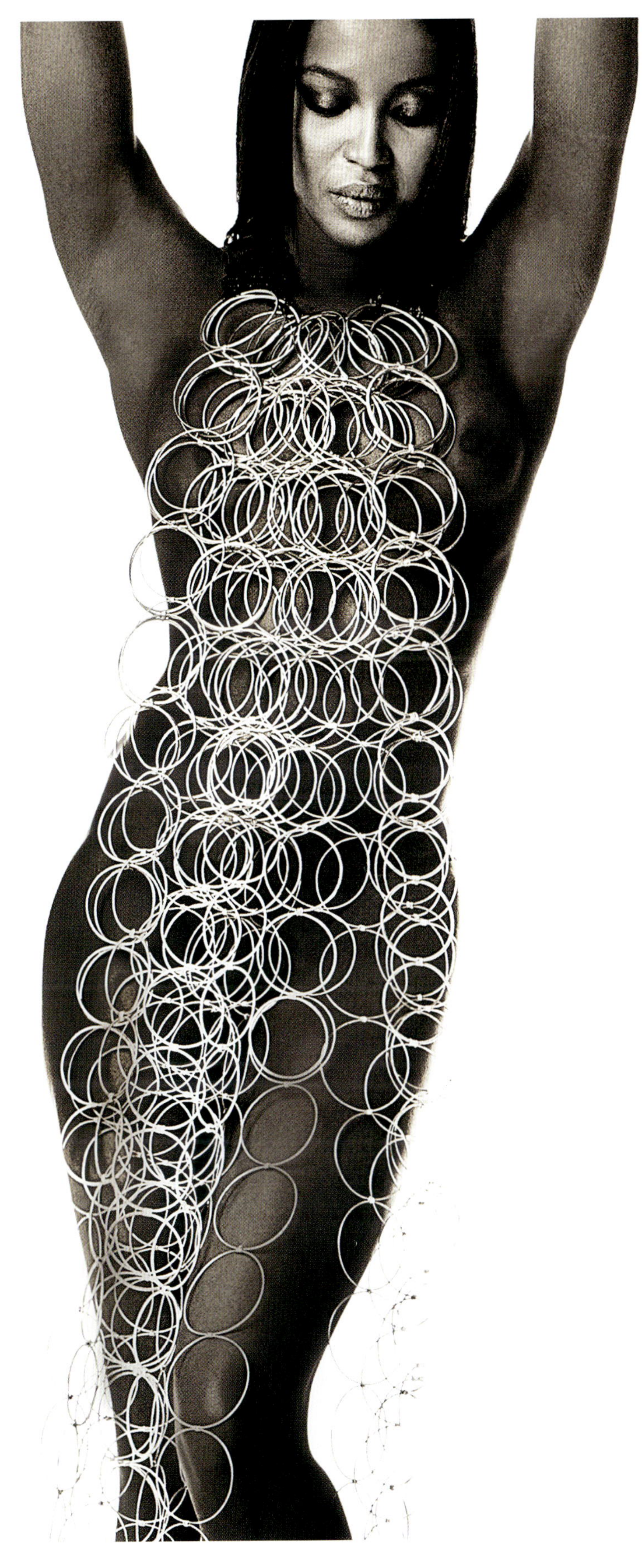

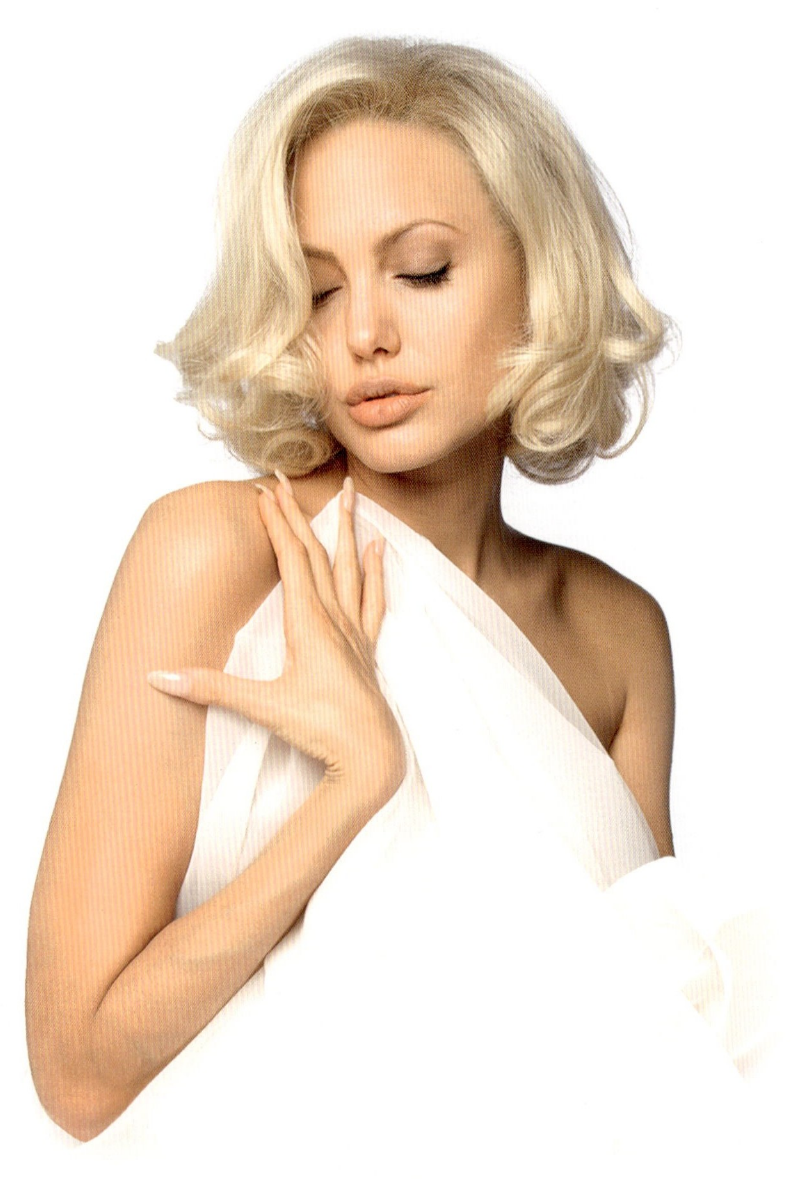

Angelina Jolie, 2001
stampa giclée / archival pigment print
cm 50.80 x 60.96 ca. / inches 20 x 24 ca.

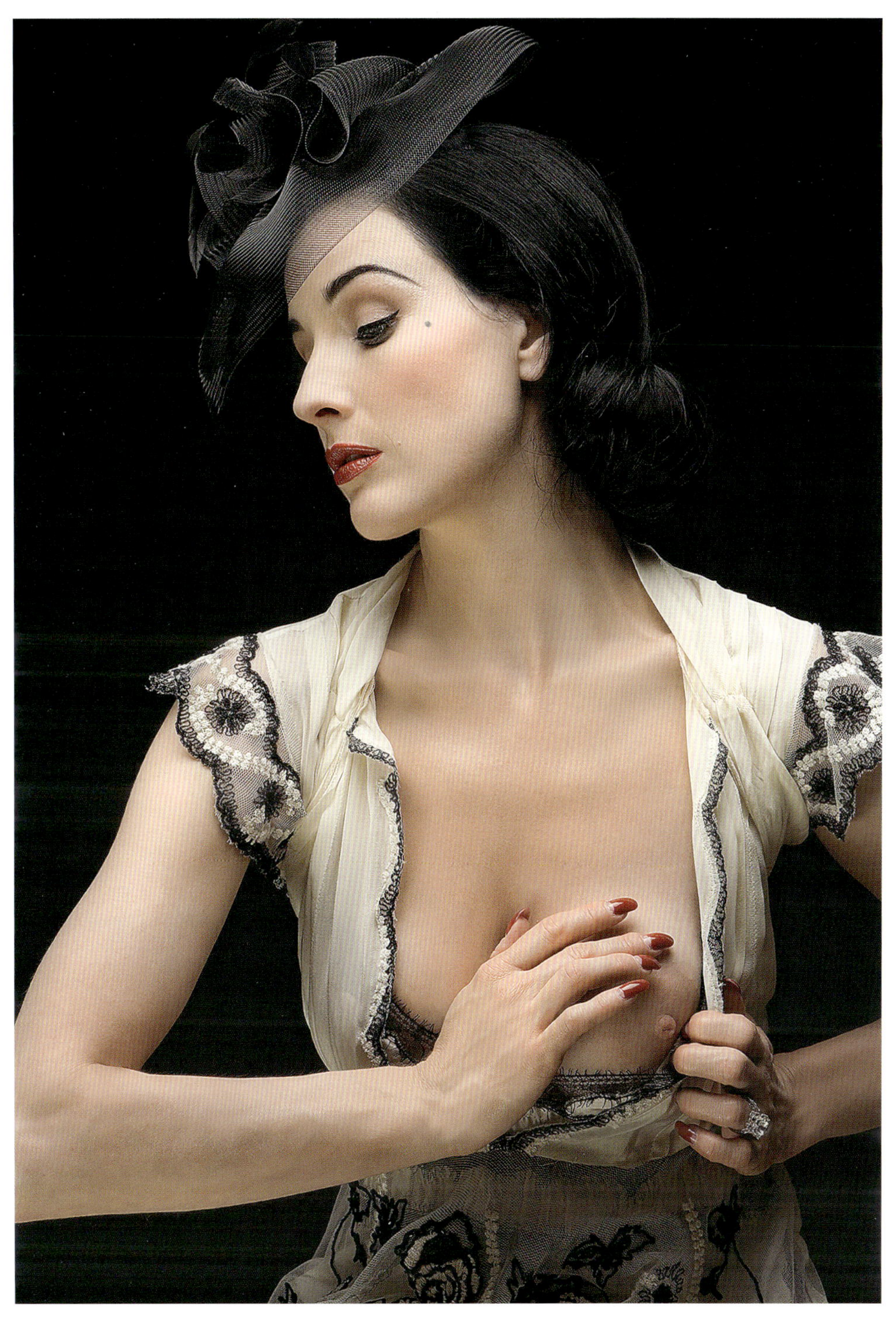

Dita Von Teese, 2006
stampa giclée / archival pigment print
cm 50.80 x 60.96 ca. / inches 20 x 24 ca.

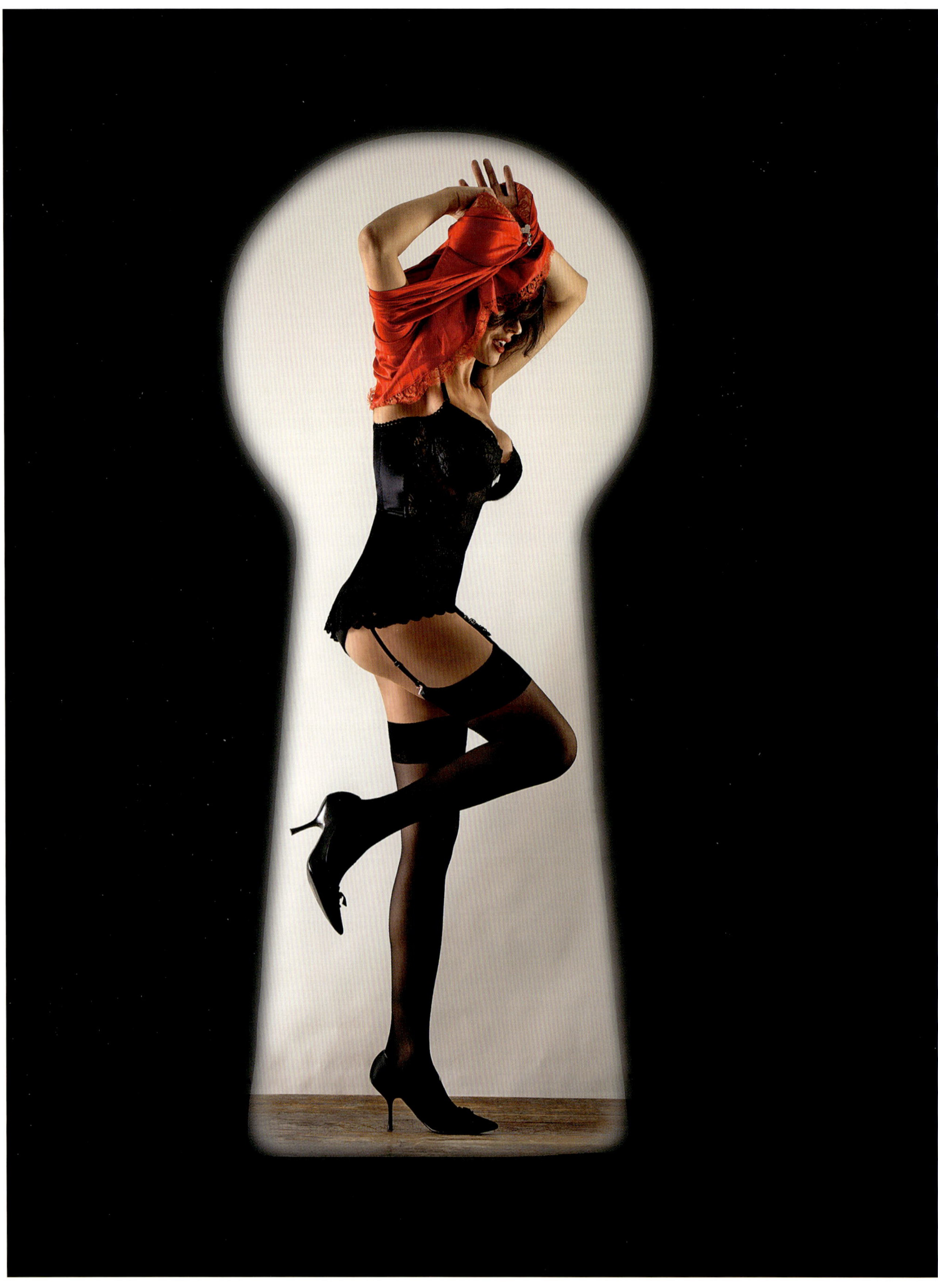

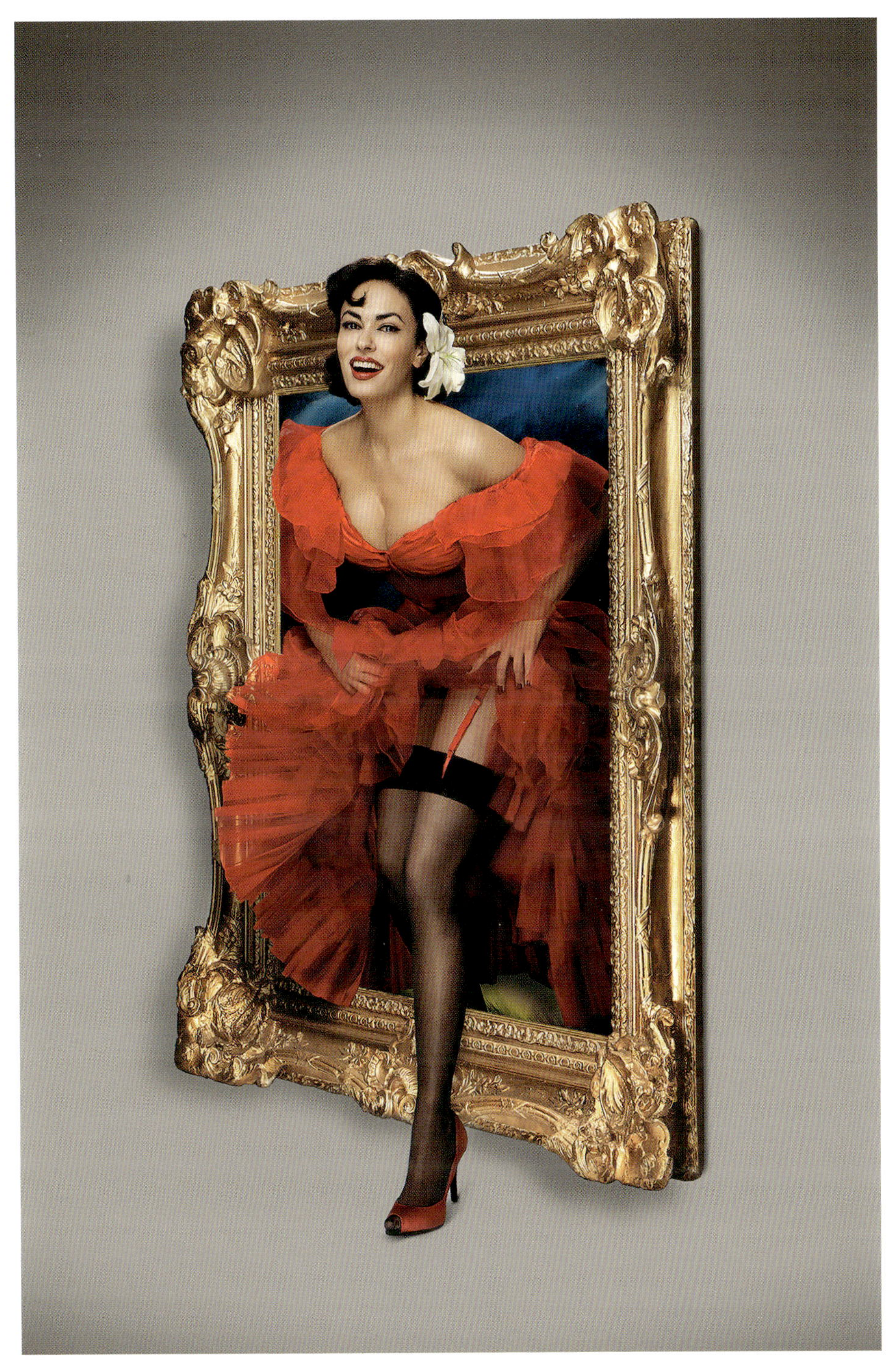

Maria Grazia Cucinotta, 2010
stampa giclée / archival pigment print
cm 50.80 x 60.96 ca. / inches 20 x 24 ca.

Maria Grazia Cucinotta, 2010
stampa giclée / archival pigment print
cm 50.80 x 60.96 ca. / inches 20 x 24 ca.

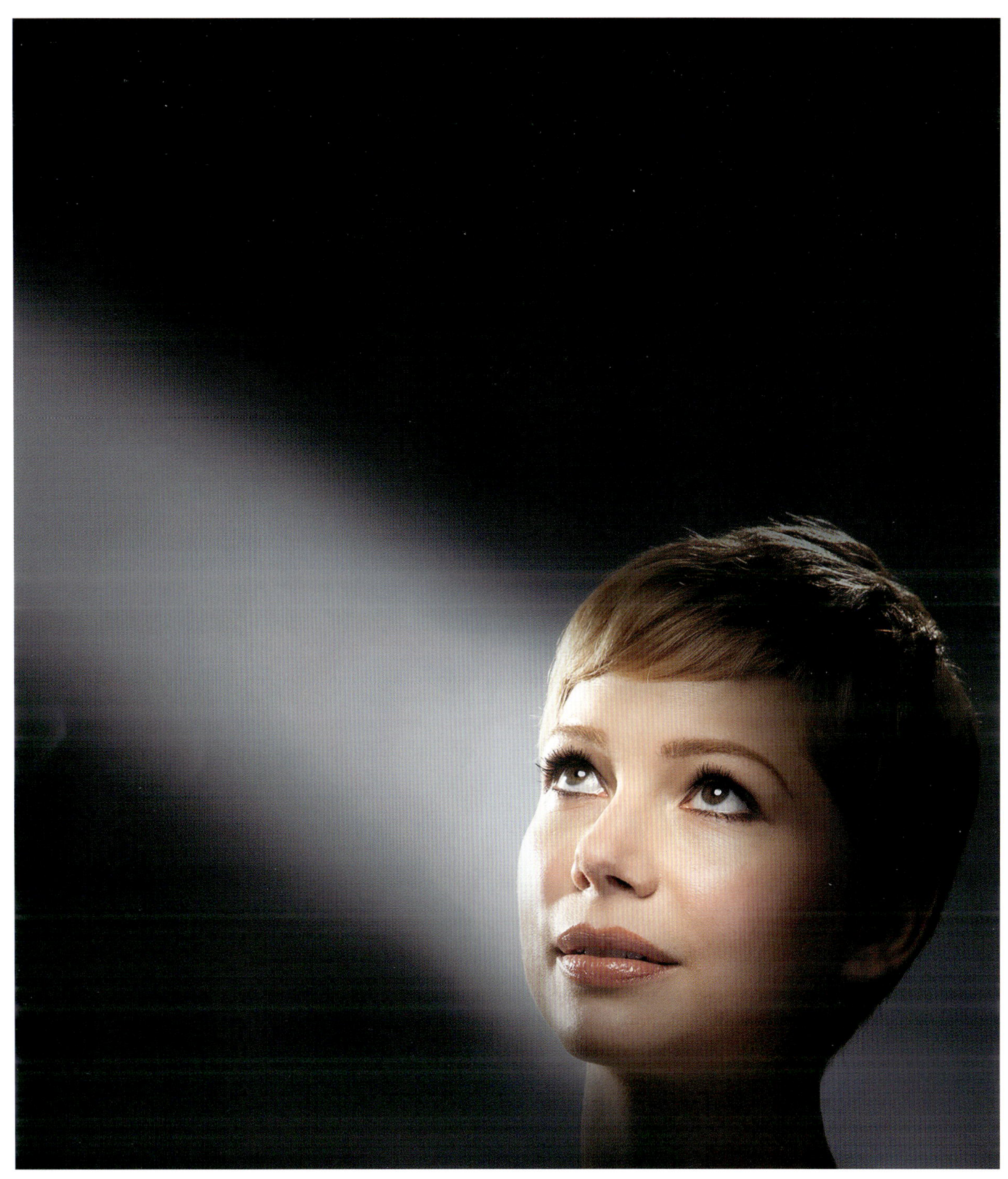

Michelle Williams, 2012
stampa giclée / archival pigment print
cm 50.80 x 60.96 ca. / inches 20 x 24 ca.

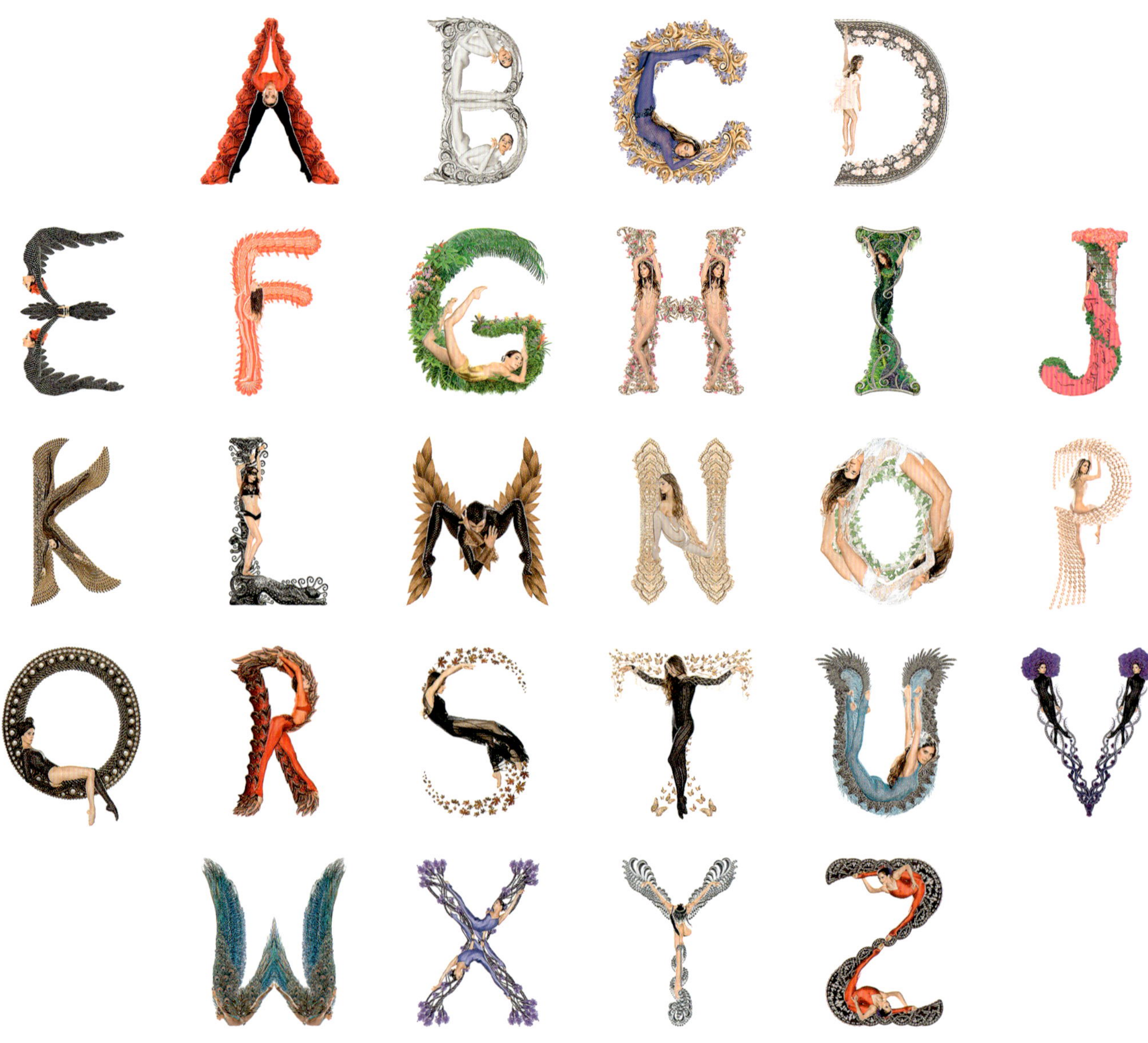

A poetic Alphabet - Installation, 2019
stampa giclée / archival pigment print

Douglas Kirkland: A poetic Alphabet
Una produzione di Douglas e Françoise Kirkland, interpretata da Erika Lemay

L'alfabeto è stato una fonte di ispirazione per molti creativi sia al giorno d'oggi sia in passato. Dalla calligrafia alla lettera disegnata a mano, i nostri motivi familiari sono spesso trasformati da caratteri standard in vere e proprie opere d'arte accattivanti. Il famoso fotografo di Hollywood Douglas Kirkland e la moglie Françoise sono due fra gli artisti che più recentemente hanno interpretato l'alfabeto in maniera creativa. Ispirandosi all'iconica serie alfabetica Art Déco - Style di Erté (creata tra il 1927 e il 1967), la coppia ha messo a punto lo splendido *Physical Poetry Alphabet Book*.

"Per molto tempo ho avuto l'idea di creare un vero e proprio alfabeto umano ispirato al meraviglioso lavoro dell'illustratore Erté. Sapevo che avevamo l'interprete perfetto per questa performance poetica, Erica Lemay, che Douglas aveva fotografato diverse volte per varie pubblicazioni e progetti. Le stelle si sono allineate per creare il nostro team perfetto di lavoro nell'estate del 2015 e la produzione di questo progetto è stato il mio regalo a Douglas per il suo ottantunesimo compleanno. Che regalo migliore avrebbe mai potuto esserci che lavorare e scattare fotografie insieme: è proprio ciò che ha sempre amato di più!".

Françoise Kirkland

Douglas Kirkland: A poetic Alphabet
A Douglas and Françoise Kirkland production, starring Erika Lemay

The alphabet is a source of inspiration for many creatives, past and present. From calligraphy to hand-drawn letter art, our familiar abcs are often transformed from standard typefaces to eye-catching works of art. Hollywood photographer Douglas Kirkland and his wife Françoise are tow of the latest contemporaries to artistically interpret the standard alphabet in a new way. Taking inspiration form Erté's iconic Art Deco-style Alphabet Suite (created between 1927 and 1967), the couple has created the stunning *Physical Poetry Alphabet Book*.

"For the longest time I had the idea of creating a human alphabet inspired by the wonderful illustrator Erté. I knew we had the perfect subject in circus performer and physical poet, Erika Lemay, whom Douglas had photographed a number of times for various publications and projects. The stars aligned to get our dream crew together during the summer of 2015 and the production of this project was my 81st birthday present to Douglas. What better gift than working and taking photographs. That's what he loves best!".

Françoise Kirkland

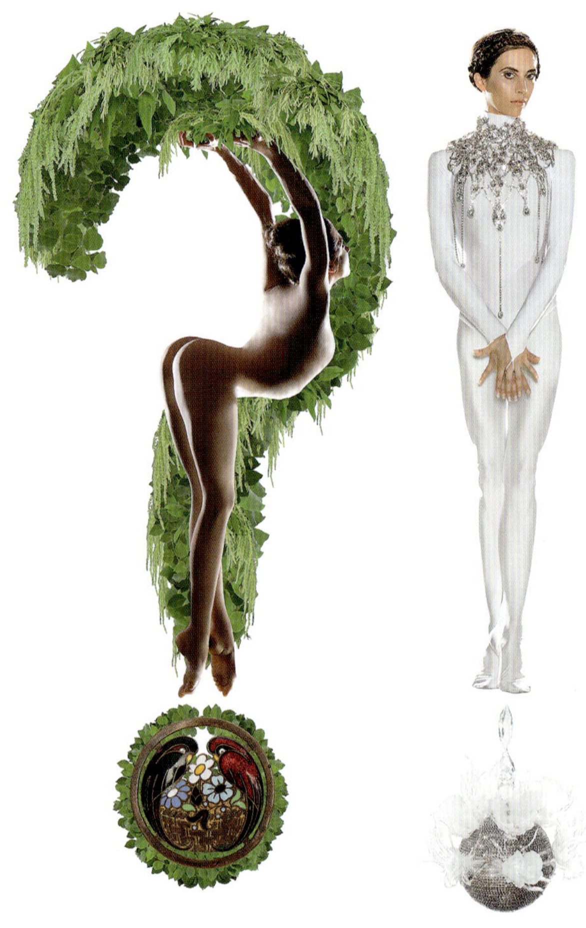

? *Erika Small*, 2019
stampa giclée / archival pigment print
cm 15 x 25 ca. / inches 6 x 10 ca.

! *Erika Small*, 2019
stampa giclée / archival pigment print
cm 15 x 25 ca. / inches 6 x 10 ca.

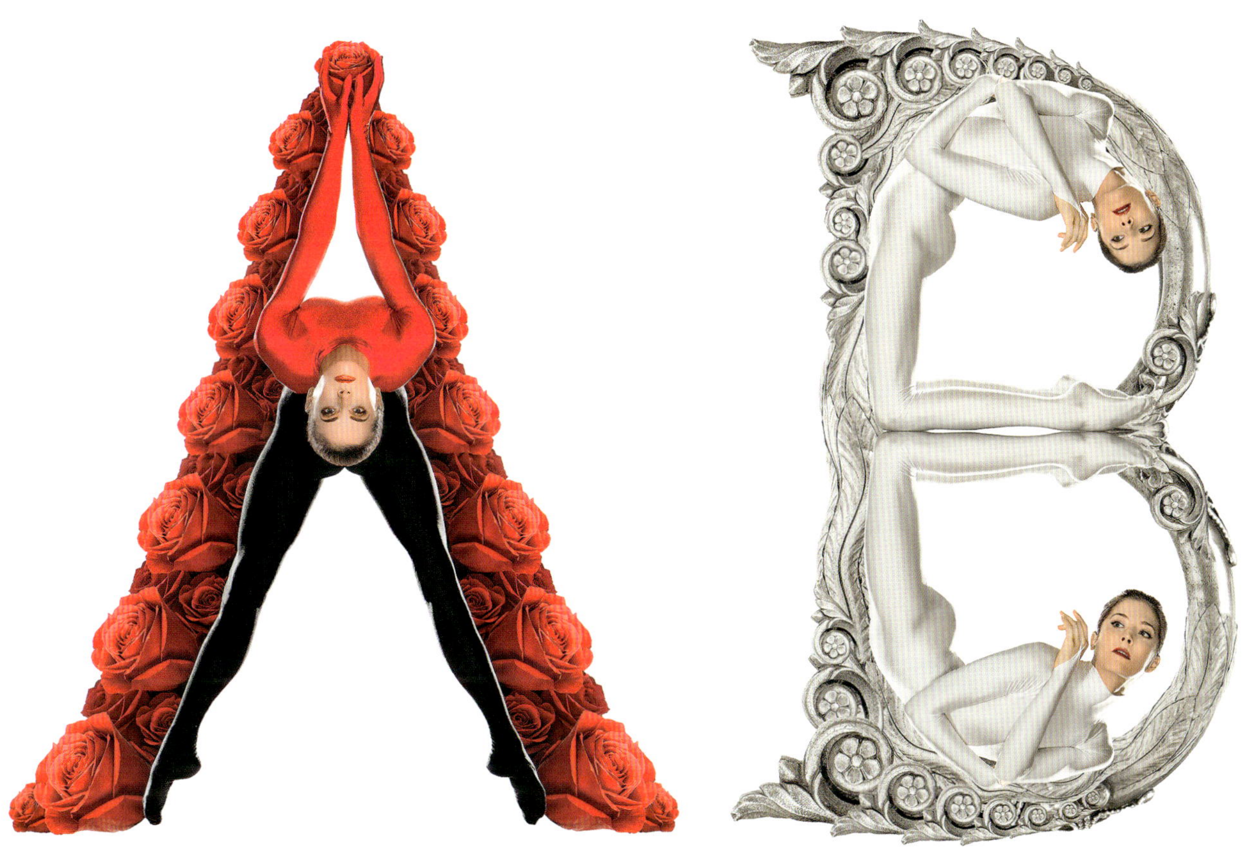

A Erika Master, 2019
stampa giclée / archival pigment print
cm 15 x 25 ca. / inches 6 x 10 ca.

B Erika Master, 2019
stampa giclée / archival pigment print
cm 15 x 25 ca. / inches 6 x 10 ca.

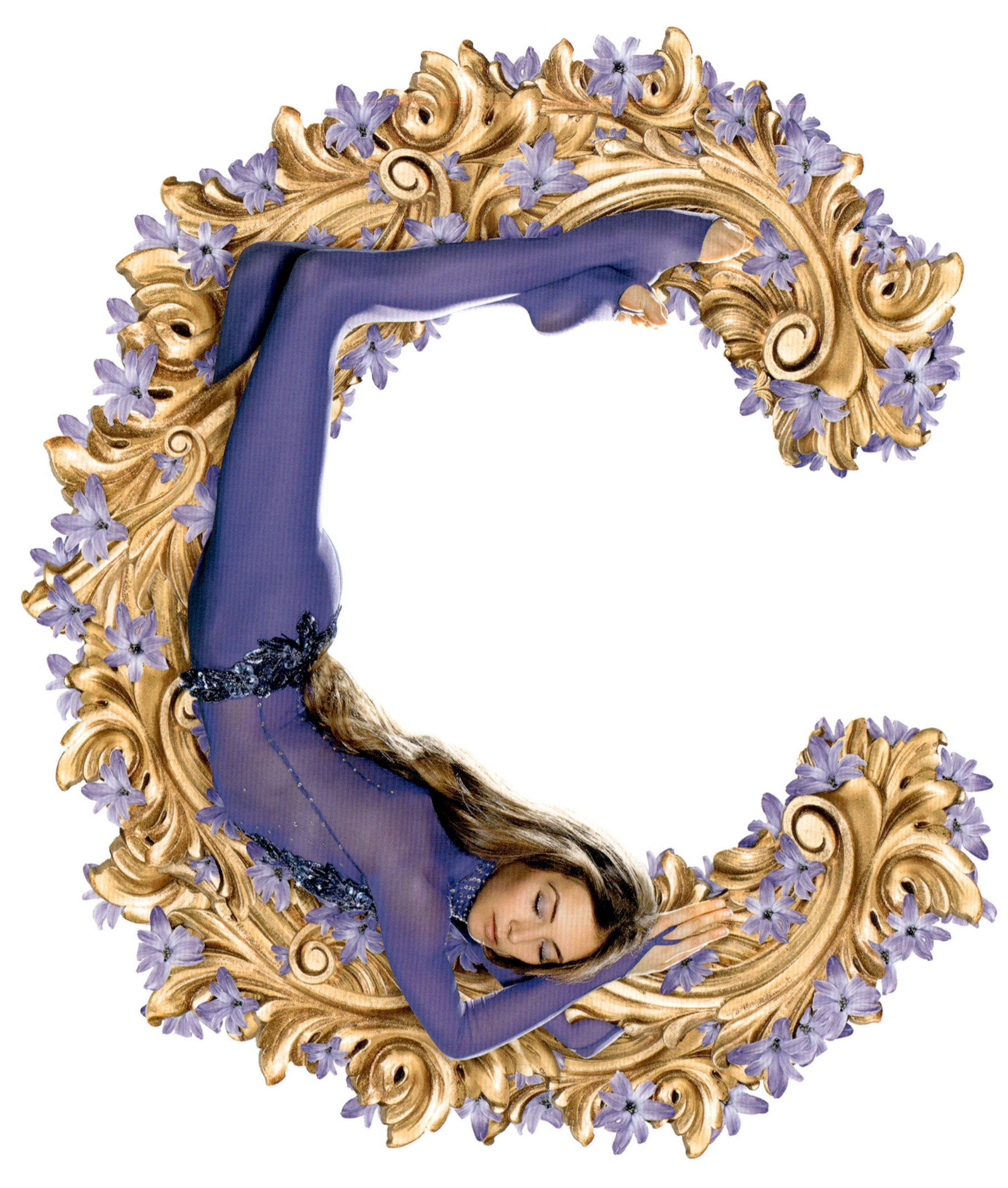

C Erika Master, 2019
stampa giclée / archival pigment print
cm 15 x 25 ca. / inches 6 x 10 ca.

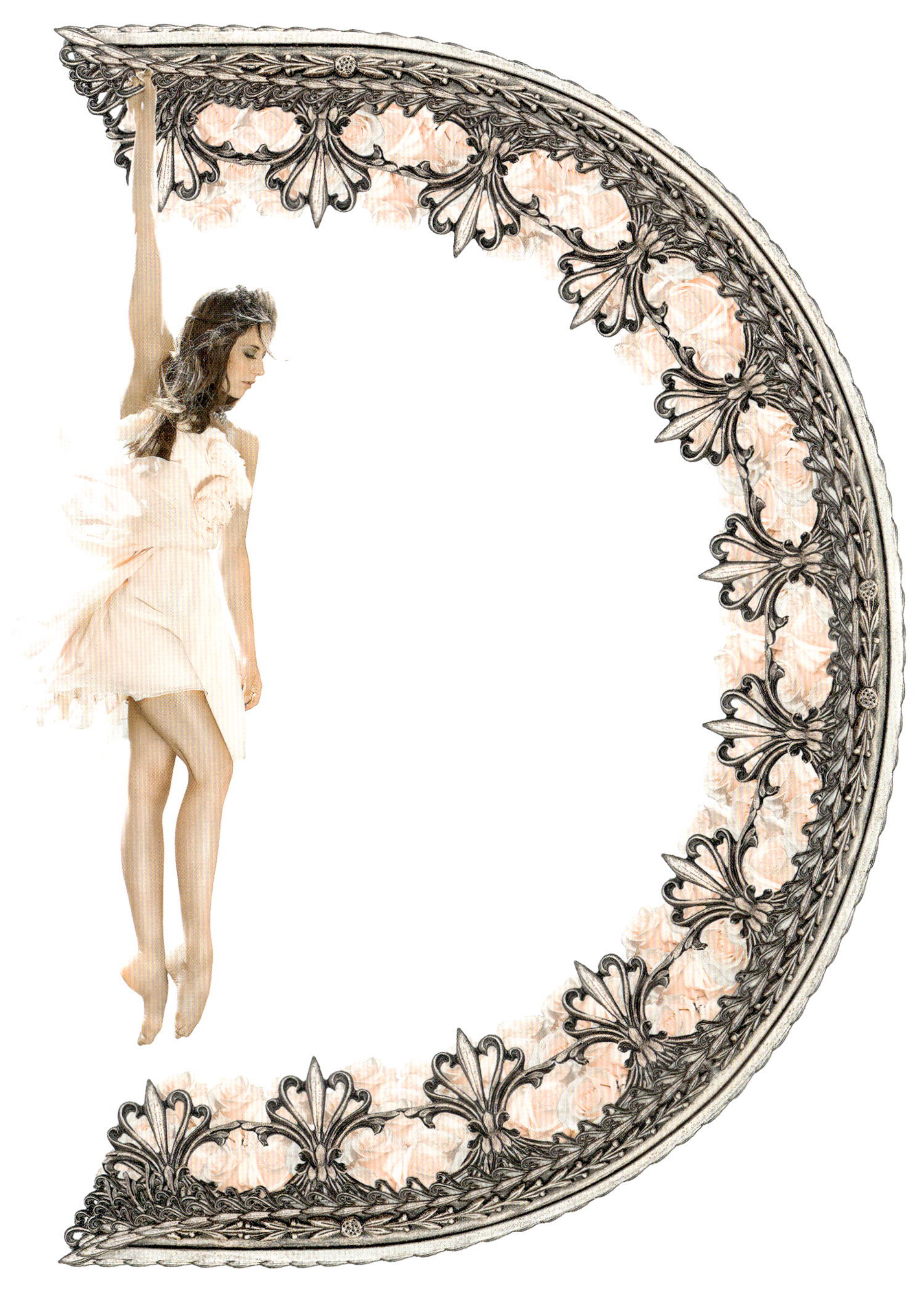

D Erika Master, 2019
stampa giclée / archival pigment print
cm 15 x 25 ca. / inches 6 x 10 ca.

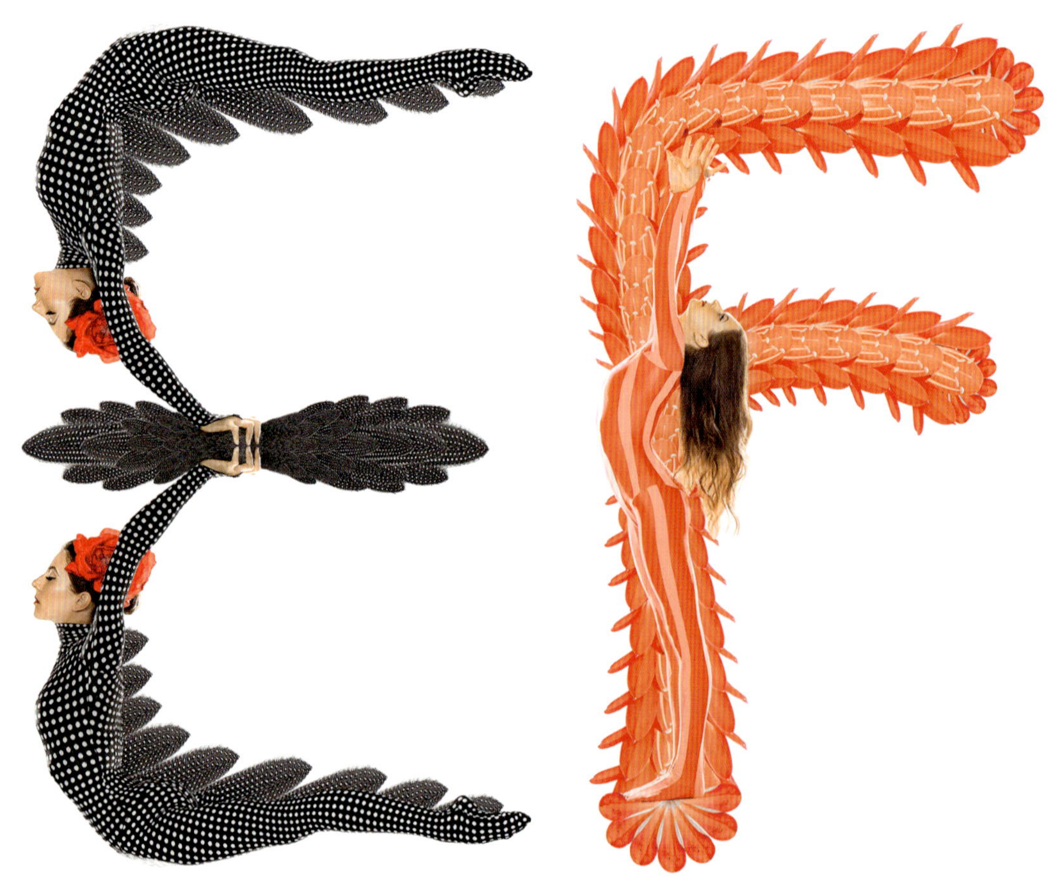

E Erika Master, 2019
stampa giclée / archival pigment print
approx. image size cm 15 x 25 ca. / inches 6 x 10 ca.

F Erika Master, 2019
stampa giclée / archival pigment print
cm 15 x 25 ca. / inches 6 x 10 ca.

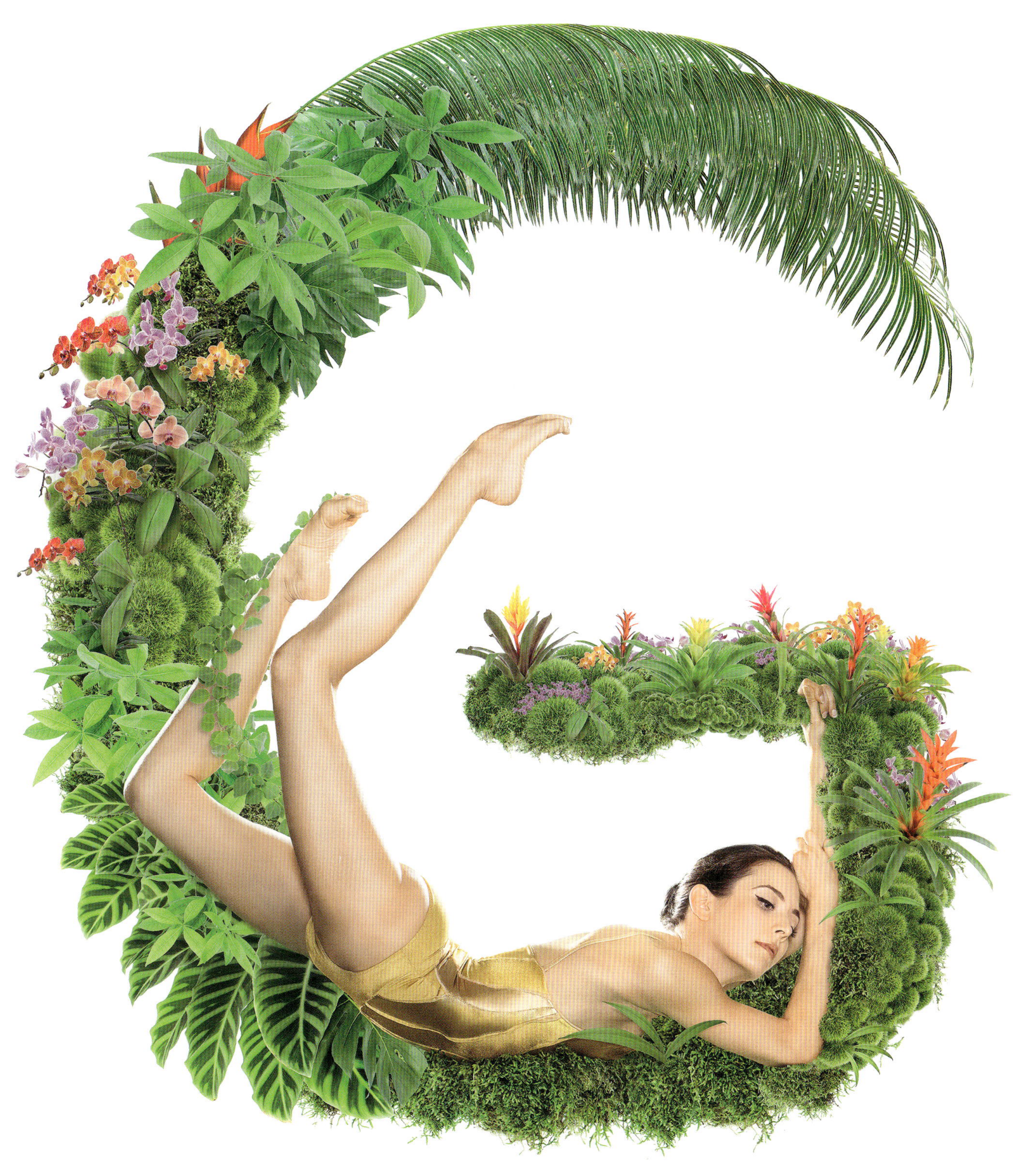

G Erika Master, 2019
stampa giclée / archival pigment print
cm 15 x 25 ca. / inches 6 x 10 ca.

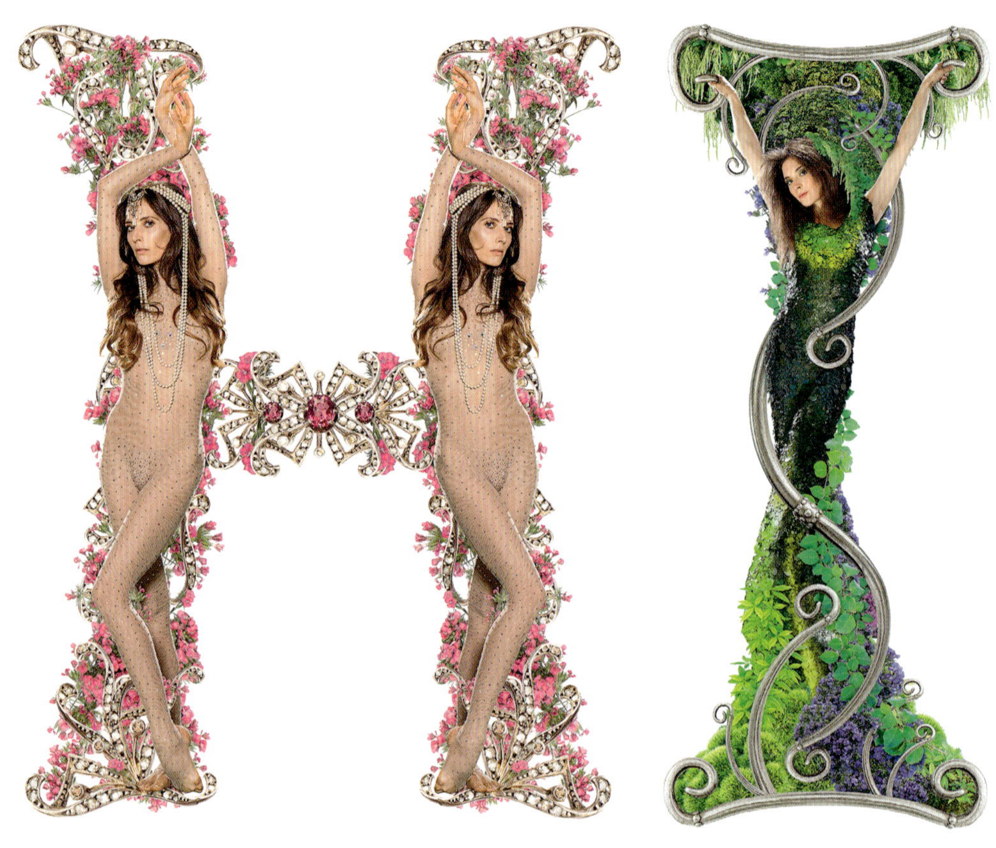

H Erika Master, 2019
stampa giclée / archival pigment print
cm 15 x 25 ca. / inches 6 x 10 ca.

I Erika Master, 2019
stampa giclée / archival pigment print
cm 15 x 25 ca. / inches 6 x 10 ca.

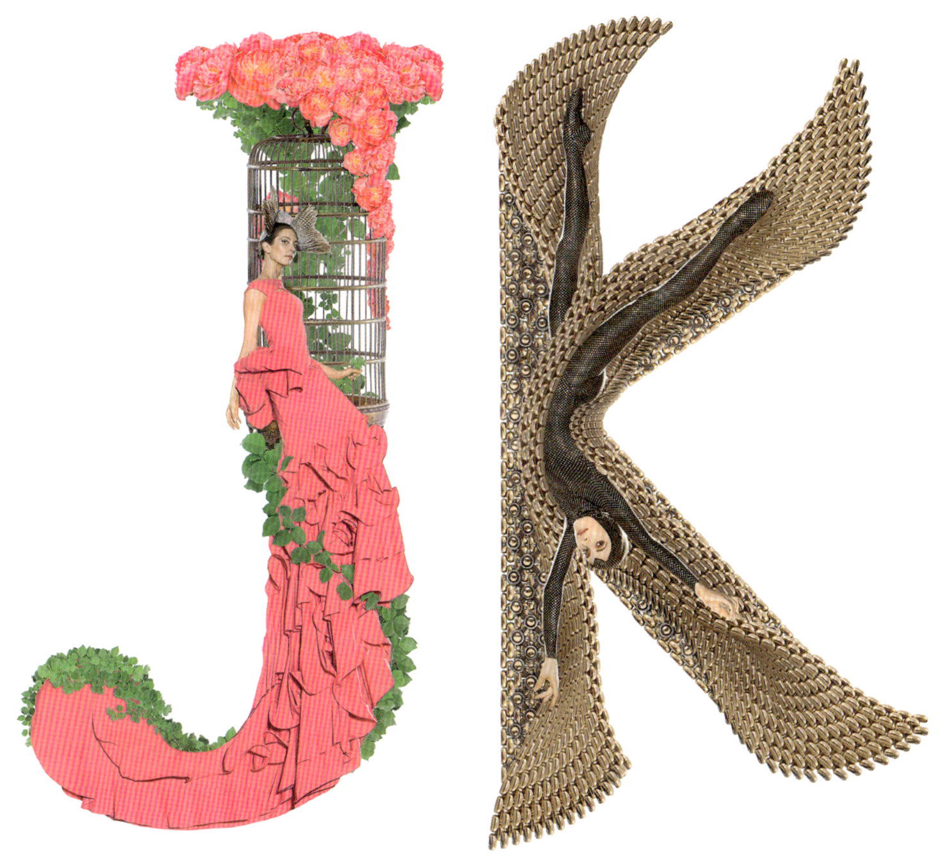

J Erika Master, 2019
stampa giclée / archival pigment print
cm 15 x 25 ca. / inches 6 x 10 ca.

K Erika Master, 2019
stampa giclée / archival pigment print
cm 15 x 25 ca. / inches 6 x 10 ca.

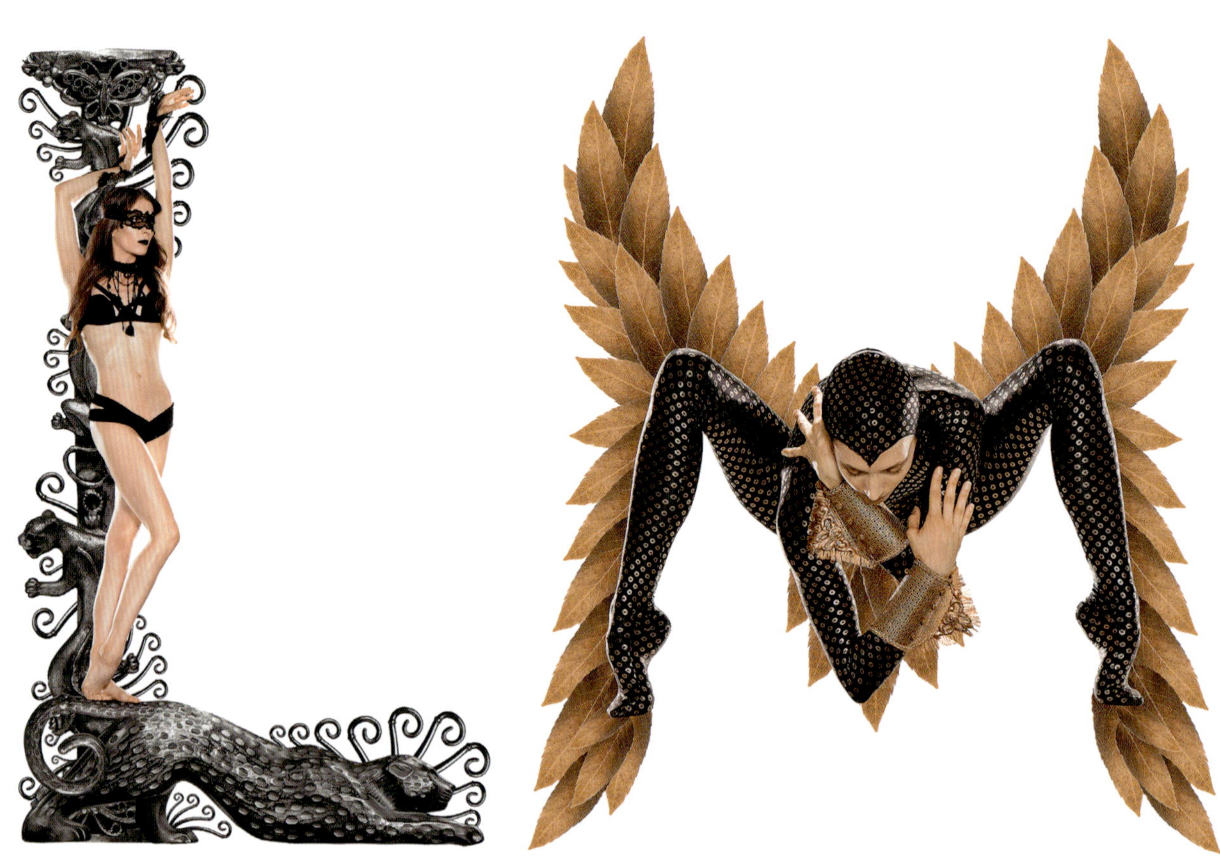

L Erika Master, 2019
stampa giclée / archival pigment print
cm 15 x 25 ca. / inches 6 x 10 ca.

M Frika Master, 2019
stampa giclée / archival pigment print
cm 15 x 25 ca. / inches 6 x 10 ca.

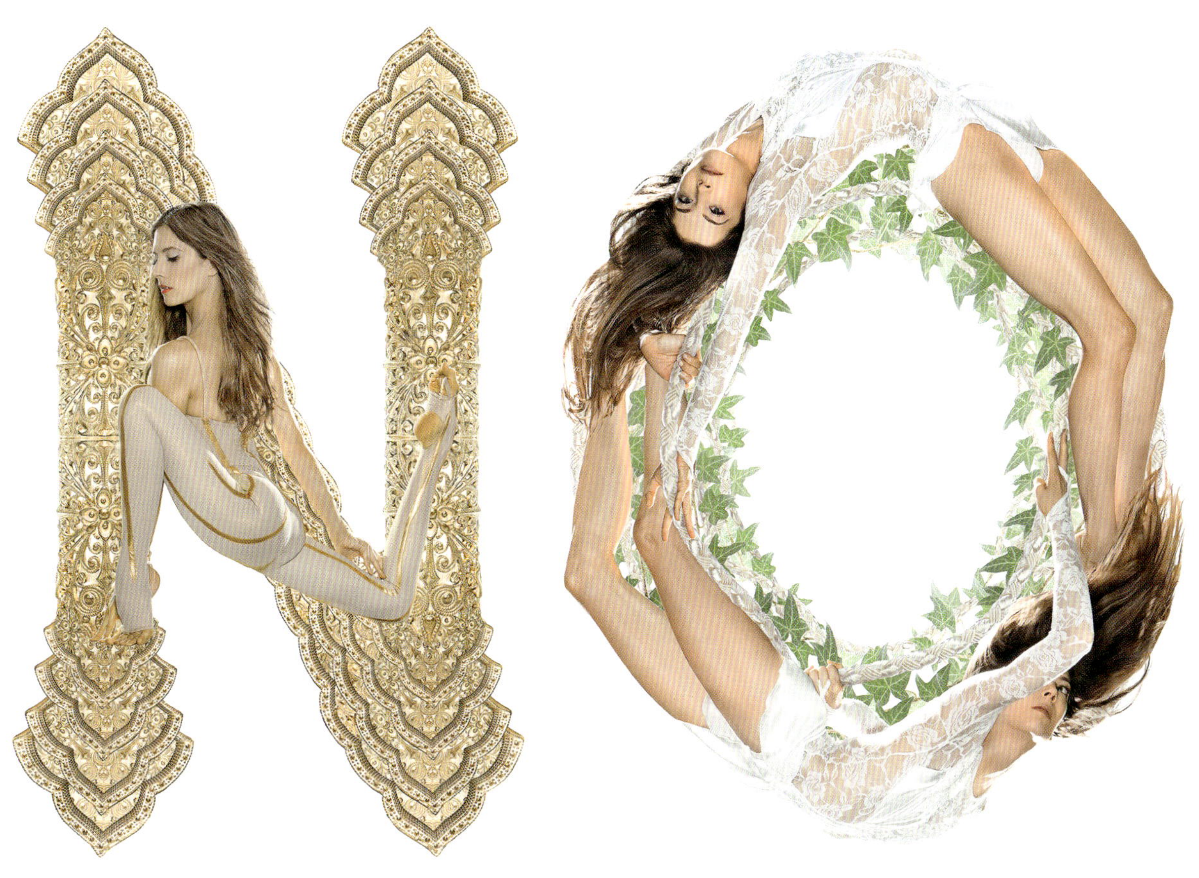

N Erika Master, 2019
stampa giclée / archival pigment print
cm 15 x 25 ca. / inches 6 x 10 ca.

O Erika Master, 2019
stampa giclée / archival pigment print
cm 15 x 25 ca. / inches 6 x 10 ca.

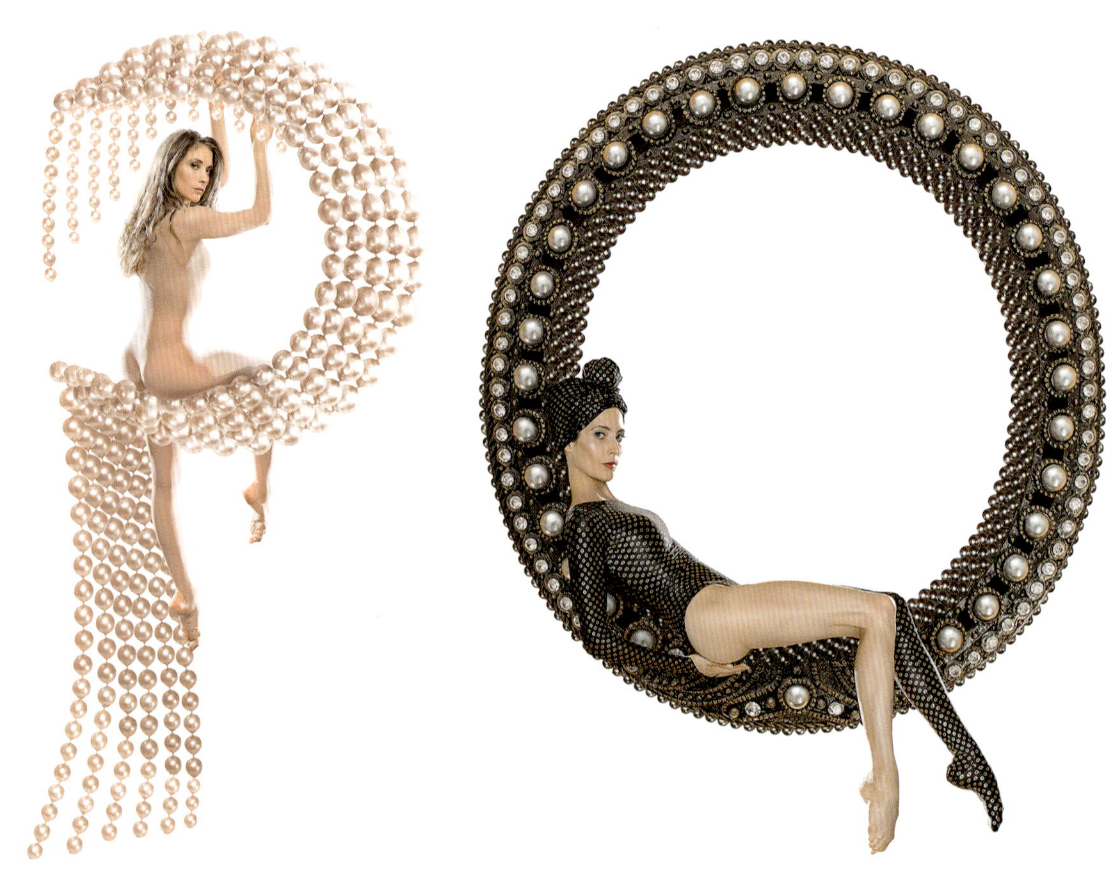

P Erika Master, 2019
stampa giclée / archival pigment print
cm 15 x 25 ca. / inches 6 x 10 ca.

Q Erika Master, 2019
stampa giclée / archival pigment print
cm 15 x 25 ca. / inches 6 x 10 ca.

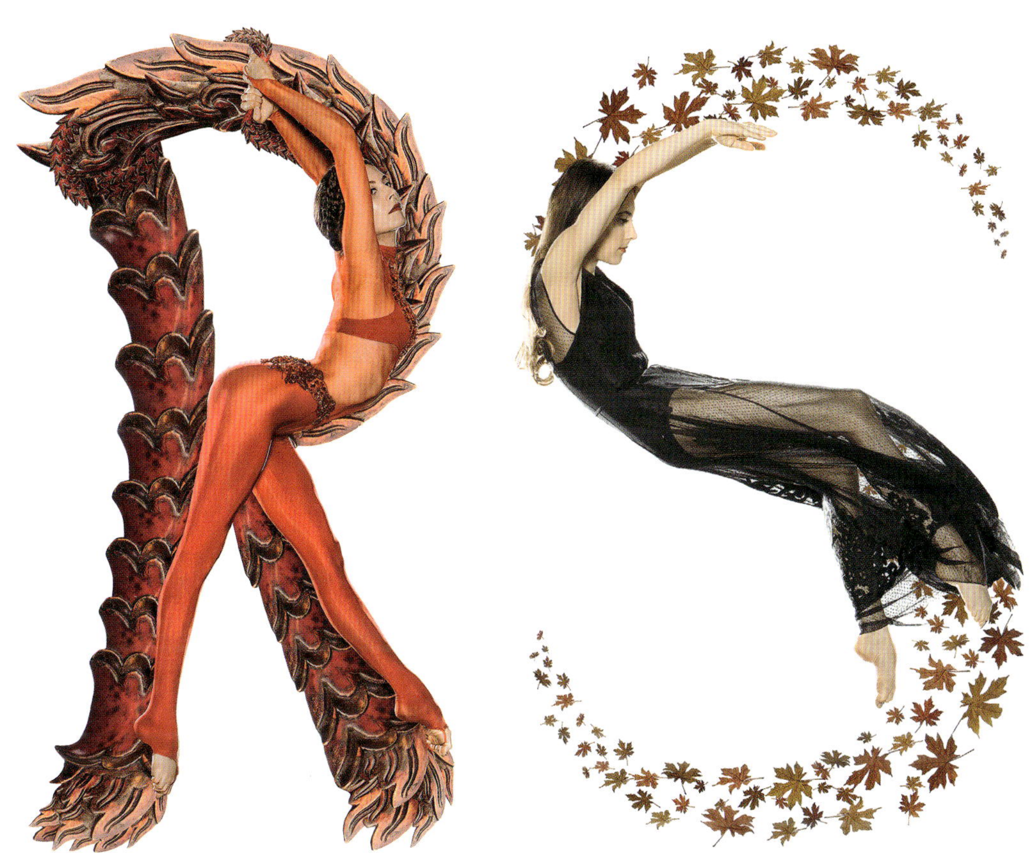

R Erika Master, 2019
stampa giclée / archival pigment print
cm 15 x 25 ca. / inches 6 x 10 ca.

S Erika Master, 2019
stampa giclée / archival pigment print
cm 15 x 25 ca. / inches 6 x 10 ca.

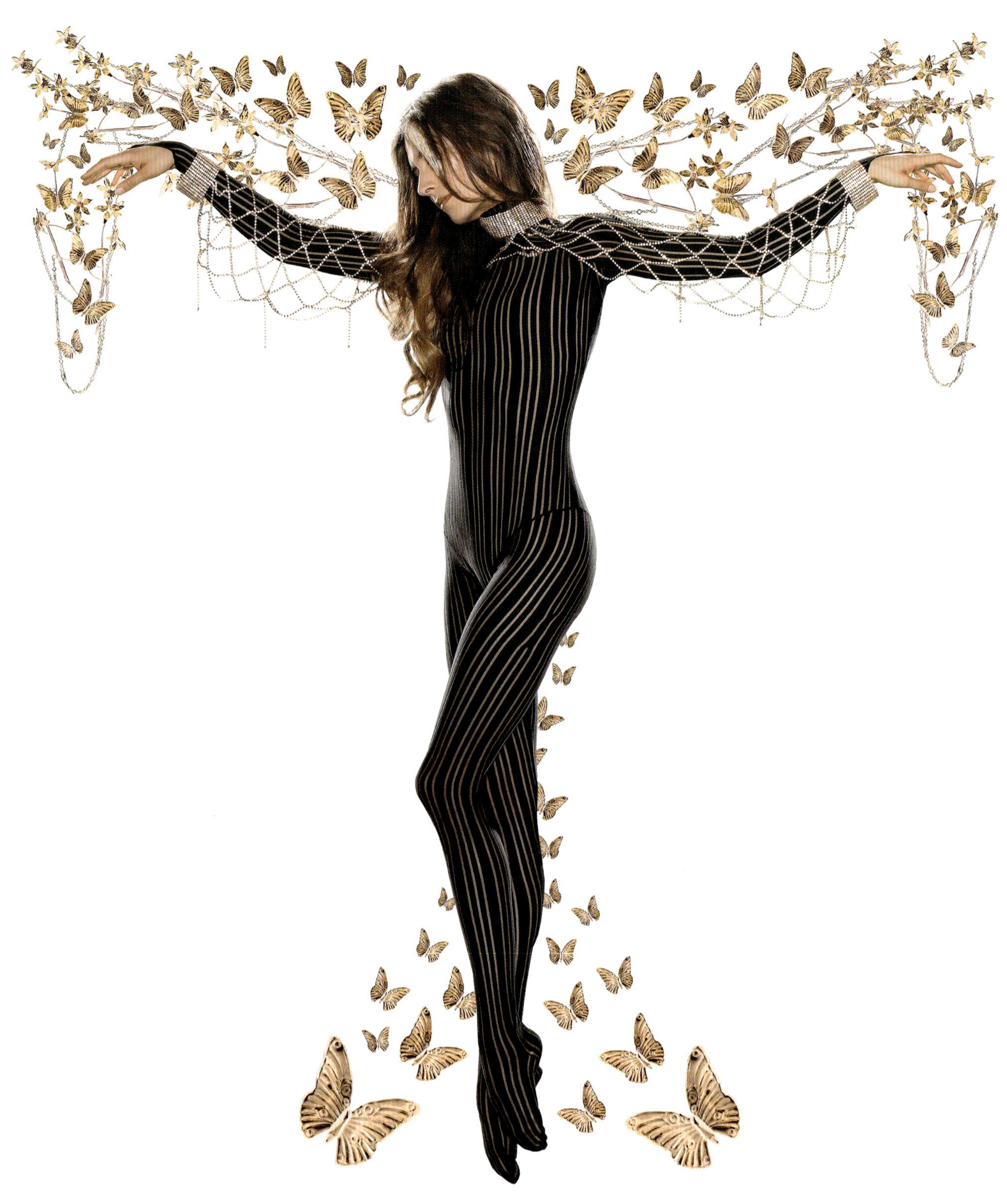

T Erika Master, 2019
stampa giclée / archival pigment print
cm 15 x 25 ca. / inches 6 x 10 ca.

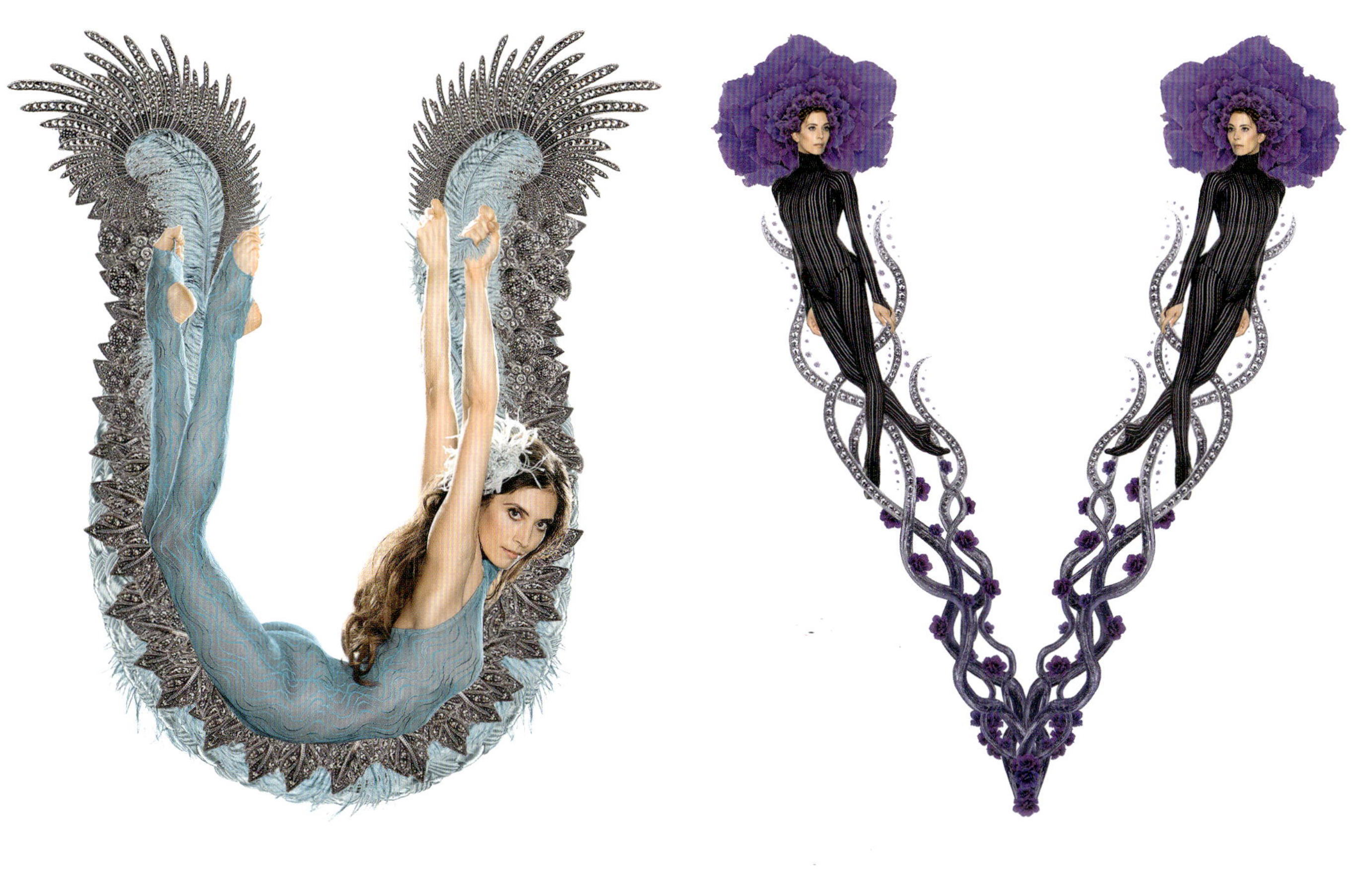

U Erika Master, 2019
stampa giclée / archival pigment print
cm 15 x 25 ca. / inches 6 x 10 ca.

V Erika Master, 2019
stampa giclée / archival pigment print
cm 15 x 25 ca. / inches 6 x 10 ca.

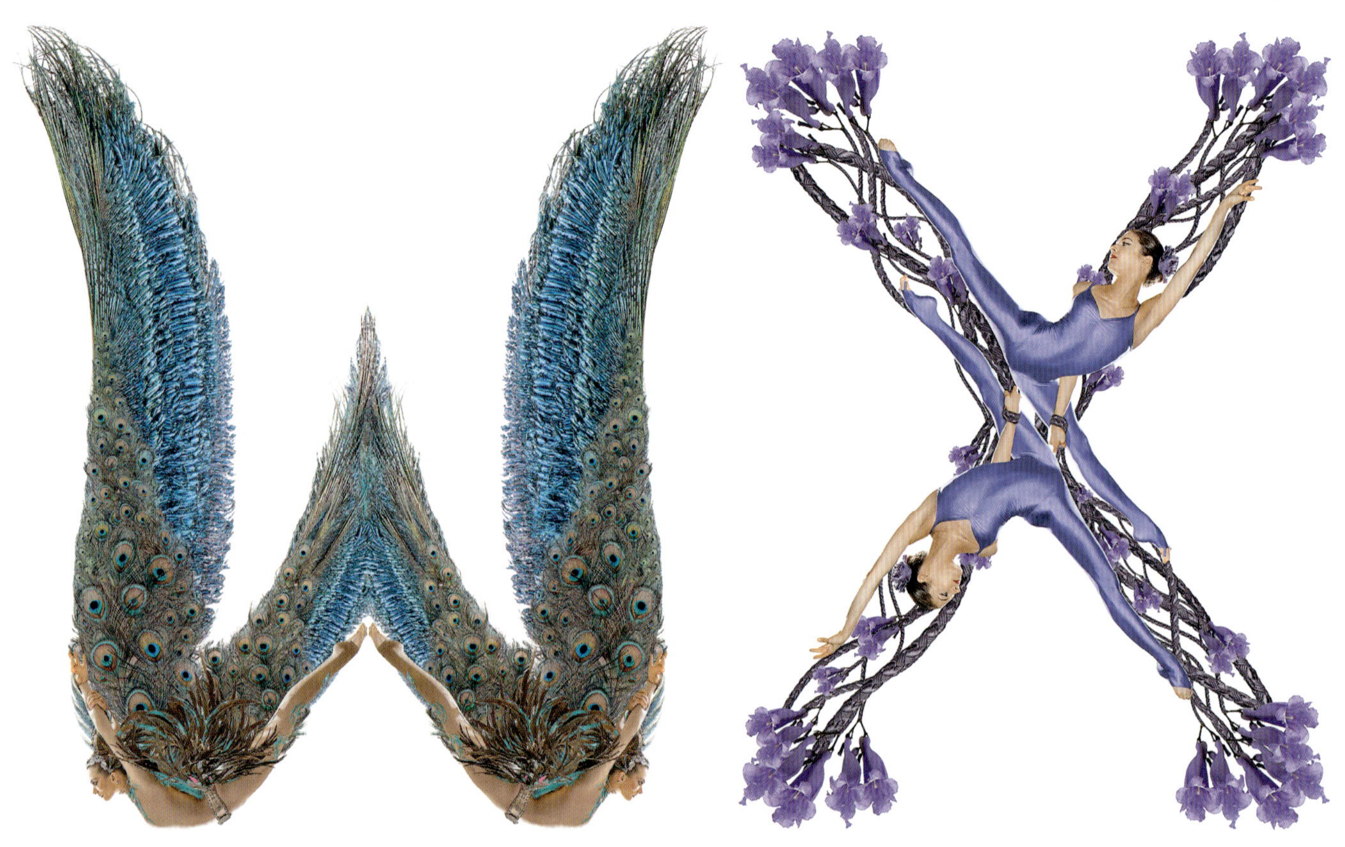

W Erika Master, 2019
stampa giclée / archival pigment print
cm 15 x 25 ca. / inches 6 x 10 ca.

X Erika Master, 2019
stampa giclée / archival pigment print
cm 15 x 25 ca. / inches 6 x 10 ca.

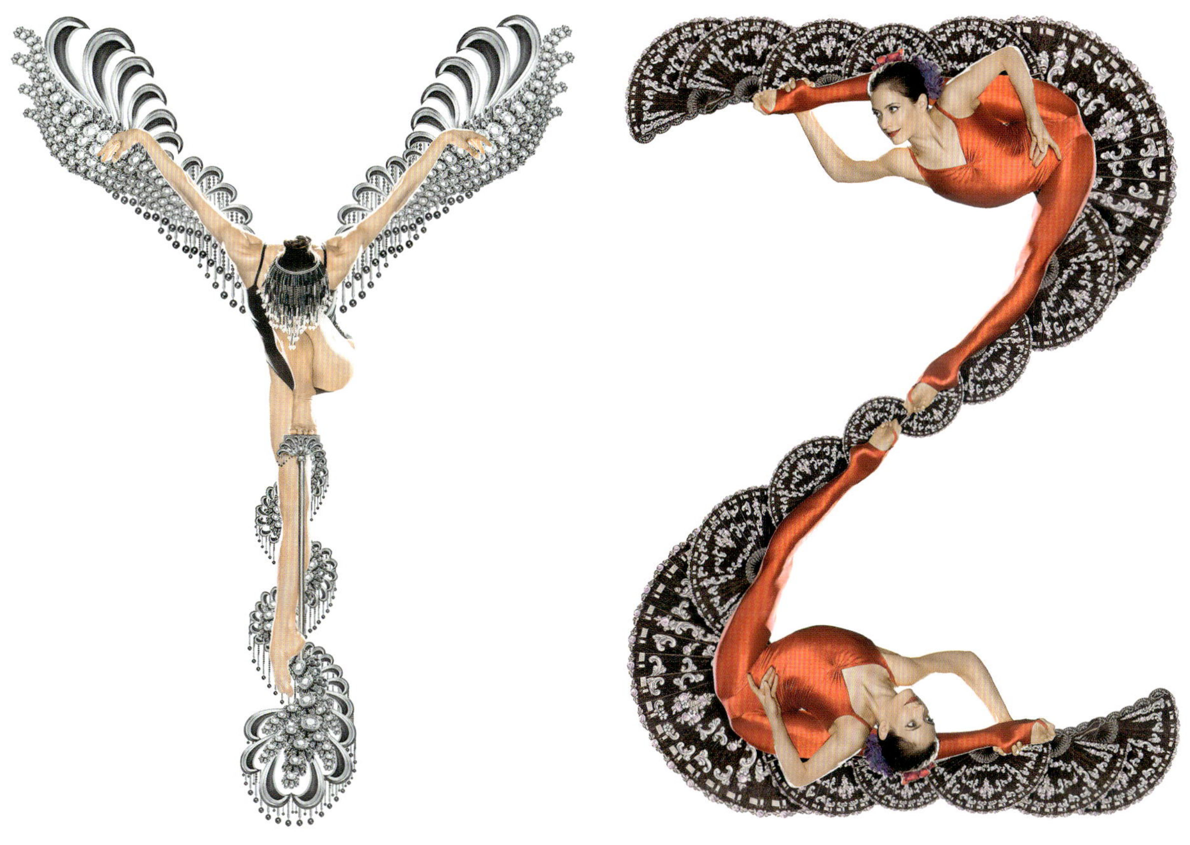

Y Erika Master, 2019
stampa giclée / archival pigment print
cm 15 x 25 ca. / inches 6 x 10 ca.

Z Erika Master, 2019
stampa giclée / archival pigment print
cm 15 x 25 ca. / inches 6 x 10 ca.

In copertina / Cover

Audrey Hepburn
1965

In quarta di copertina / Back cover

Marilyn Monroe
1961

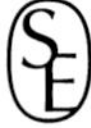

Silvana Editoriale

Direzione editoriale / Direction
Dario Cimorelli

Art Director
Giacomo Merli

Coordinamento editoriale / Editorial Coordinator
Sergio Di Stefano

Redazione / Copy Editor
Lorena Ansani

Impaginazione / Layout
Nicola Cazzulo

Traduzioni / Translations
Contextus srl, Pavia (Daniela Innocenti)

Coordinamento di produzione / Production Coordinator
Antonio Micelli

Segreteria di redazione / Editorial Assistant
Ondina Granato

Ufficio iconografico / Photo Editor
Alessandra Olivari, Silvia Sala

Ufficio stampa / Press Office
Lidia Masolini, press@silvanaeditoriale.it

Available through ARTBOOK | D.A.P.
155 Sixth Avenue, 2nd Floor, New York, N.Y. 10013
Tel: (212) 627-1999 Fax: (212) 627-9484

Silvana Editoriale S.p.A.
via dei Lavoratori, 78
20092 Cinisello Balsamo, Milano
tel. 02 453 951 01
fax 02 453 951 51
www.silvanaeditoriale.it

Le riproduzioni, la stampa e la rilegatura
sono state eseguite in Italia
Stampato da Tipostampa, Moncalieri (To)
Finito di stampare
nel mese di ottobre 2019
Reproductions, printing and binding
in Italy
Printed by Tipostampa, Moncalieri (To)
October 2019